음악의 사생활 99

KOREAN MUSICIAN GRAPHIC 99

SHIN SEUNG EUN

YEAR 2012

느렸지만, 늦었지만

PLAY

음악의 사생활 99
KOREAN MUSICIAN GRAPHIC 99
2012
SHIN SEUNG EUN
/신승은

CONTENTS

Side A

SHIN SEUNG EUN

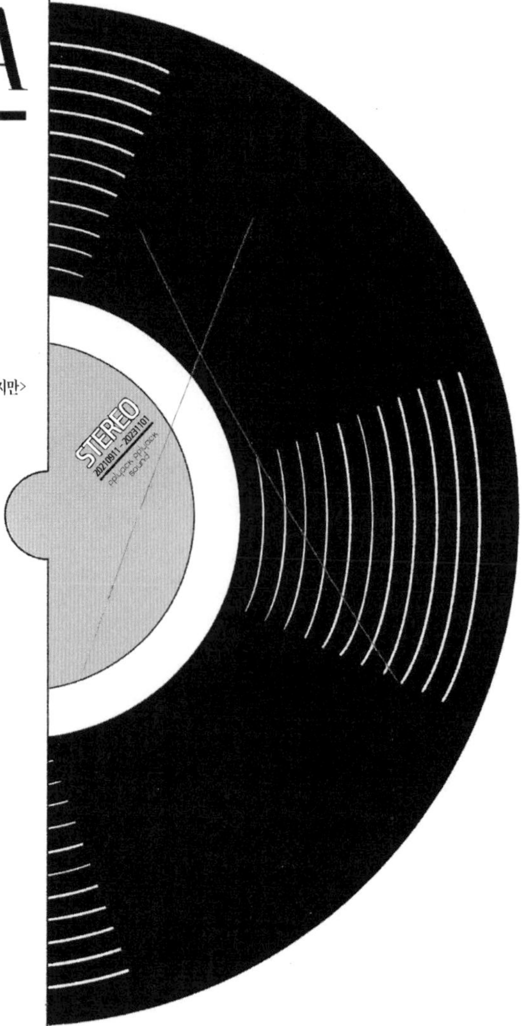

신승은 2012 <느렸지만, 늦었지만>

BY
PPIYACKPPIYACK
BOOKS

Side B

뮤지션 소개
신승은
MUSICIAN
KOREAN
MUSICIAN
GRAPHIC 99
SHIN SEUNG EUN

신승은

@retrieverrr

2016 앨범 〈넌 별로 날 안 좋아해〉
2019 앨범 〈사랑의 경로〉
2019 영화 〈마더 인 로〉
2020 영화 〈프론트맨〉
2021 EP 〈인간관계〉

만화가 소개
GRAPHIC ARTIST
KOREAN
MUSICIAN
GRAPHIC 99
NAMSOOO

남수

@nam.sooo

2019 〈우리 모두는 살아있는 게 기특한 사람〉 그림
2020 〈나는 널〉, 〈나의 리듬〉 〈여름밤〉 독립출판
〈눈꺼풀〉 그림
2021 〈열두 살의 모자이크〉외 3권 그림
2022 〈외로움 반장〉 그림
2023 〈옷장 속 고양이〉 감독

그 외 표지 일러스트 다수 작업

* 이 만화는 현실을 배경으로 한 일부의 각색이 포함되어 있습니다.

음악의 사생활 99

2012

KOREAN
MUSICIAN
GRAPHIC 99

느렸지만, 늦었지만

SHIN SEUNG EUN

/신승은

< 받은 메일함
서류 전형 결과 안내 드립니다.
보낸사람 <ksh@gmail.co.kr>
받는사람 신승은
안녕하세요. 신승은님.
00채용팀입니다.
금번에 지원해주신 특별 채용 직무의 서류 검토 결과
아쉽게도 금번에는 직무에 대한 전문성, 조직문화
가족으로 모시지 못하게 되었음을 알려 드립니다.
아,
이로써 전부 떨어졌다.
…사실 몇 군데 넣지도 않았지만.
23살, 졸업을 눈앞에 둔 나이.
당시의 나는 두려움이 많았다.
회사에 떨어져서, 요즘 연애가 잘 안 풀려서, 같은 이유는 아니었다.
졸업을 하고나면 지금처럼 계속 영화를 만들고 노래를 하며 살지 못할까 봐.

그래서
두려웠다.
어제 먹다
남은 술…
이곳은 학교의
영화 제작
동아리방이다.
주요 활동은
음주와 영화감상.
낡은 소파에 앉아
영화를 보다 보면
시간 가는 줄 몰랐다.
졸업하면
뭐하지…

마음이 답답할 땐
노래를 만들어 불렀다.
안녕하세요. 내 이름은 대학생
지금부터 내 소개를 해볼게요.
디링~
내 취미는 과제 특기는 알바
매일매일 해도 달라질 건 없지요.
부모님은 맨날 물으시죠.
졸업하면 학교 선생 어떻겠니?
마음속으로 대답하죠.
졸업이나 할 수 있을까~

끼익~
승은 언니!
아, 씨 깜짝아!
ㅎㅎㅎ
언니 혹시
프리마켓 공연 나가볼 생각 있어?

짠~
홍대 프리마켓 에프터눈 스테이지 신청 안내
「공지」 | 2012.2.11 | 조회 68
3월 에프터눈 스테이지 공연신 안내드립니다
2월 20일 자정까지 아래 링크에 신청 작성 해주시면 메일을 통해 결과 안내드리겠습니다.
공연..?
그래. 공연! 언니 노래 자주 부르잖아~.

2012년 이른 봄.

아, 이게 그 홍대에서 하는 플리마켓 낮 시간에 하는 거거든.
여기 이 폼 다운받아서 신청하면 돼!
이거 써서 이 메일로 보내면 되는 거야?
네네! ㅎ
나는 처음으로 공연에 서게 되었다.

Part. 1

처음은 다 즐거웠다

그 당시 공연은 다
선글라스 쓰고 해야
하는 줄 알았는데
도착해 보니 나
말고는 선글라스
쓴 사람이 없었다.
첫 곡은
<I cannot speak
english very well>.
워아
프렌드~
하는 부분에서
사람들이 웃었다.
즐거웠다.

30분 정도
공연을 마치고,
그럼, 지금까지
신승은이었습니다.
감사합니다!
짝짝짝–
팁 박스를 보니
16,000원이 있었다.

대박이잖아‥?
그 당시 시급은
4,580원이었다.
4580 < 16000 x 2 = 32000
win!
승은아
이쪽이야! 이쪽!

기분이 좋아
동아리 친구들과
술을 마셨다.
영화 하나 만드는
데에는 사람도, 돈도
무진장 많이 필요한데
공연은 고작
9만 원짜리 기타 하나
들고 하면 된다니
~♪
믿기지 않았다.

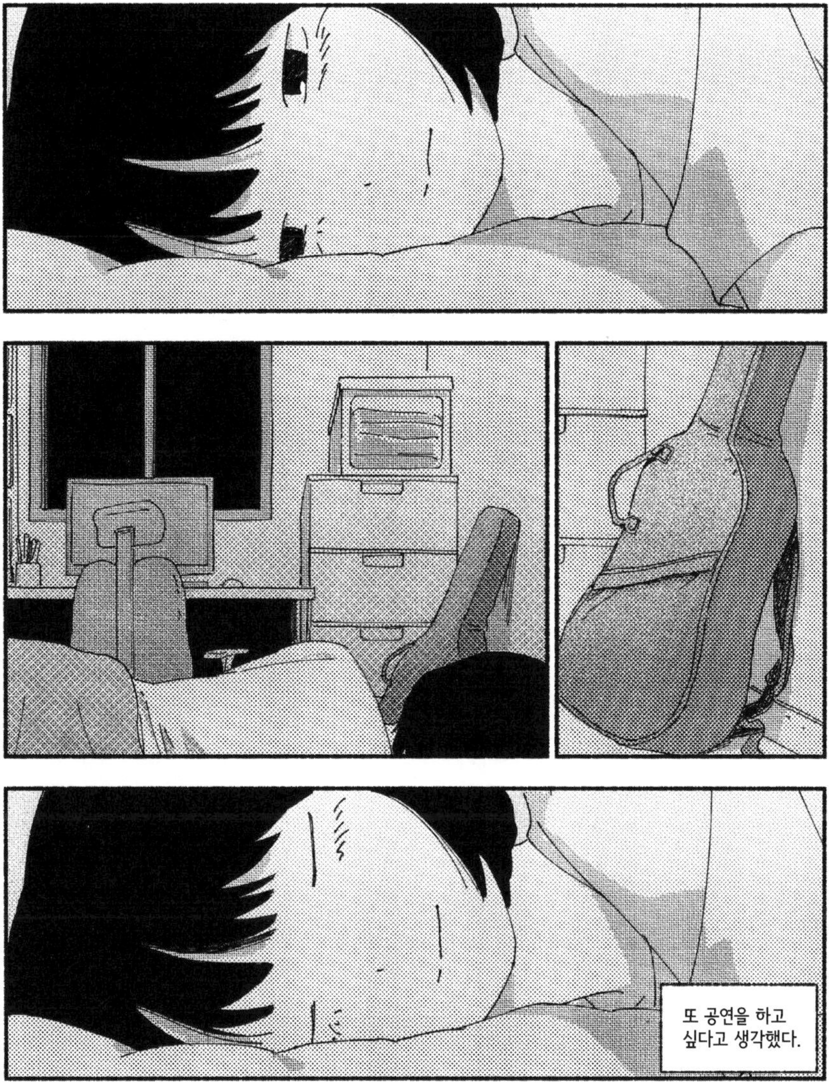
또 공연을 하고
싶다고 생각했다.

짠~
야, 너 이번이 신기록 아니야?
일주일 내내 술 마셨다매. ㅋㅋ
지난달에 한 삼 주 넘게 맨날 마셨을걸?

그래도 요샌 공연 다니고 하느라 전보다 좀 줄인 거야.
줄인 게 그거냐…
그나저나 공연은 계속 다니나 보네?
그렇지 뭐~.
… 좋더라고.
응? 뭐가?
그냥~.
맞다. 나 이번에 노래 만들었는데 한번 들어볼래?
너 부르는 동안 한 잔 더 마셔도 되지?
으휴 그래라~

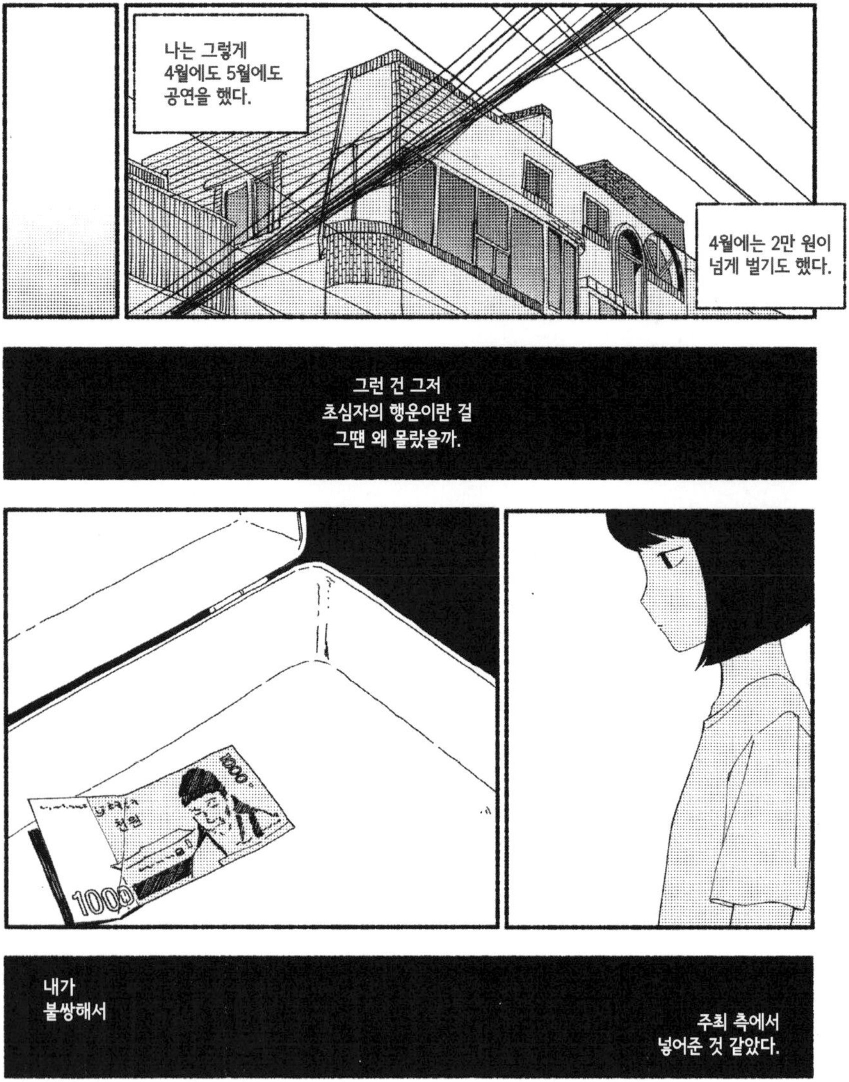
나는 그렇게
4월에도 5월에도
공연을 했다.
4월에는 2만 원이
넘게 벌기도 했다.
그런 건 그저
초심자의 행운이란 걸
그땐 왜 몰랐을까.
내가
불쌍해서
주최 측에서
넣어준 것 같았다.

700원 입니다.
텁
지금은 사라진 씨클라우드라는 카페에서 하는
오픈마이크 공연을 알게 되어 바로 신청했다.
어찌 되건 공연이 하고 싶었다.
신청이 통과되고 나서 처음으로 트위터에 공연 소식을 올렸다.
트윗
신승은
안녕하세요! 신승은입니다.
7월 2일 씨클라우드 오픈마이크에 참가합니다.
구경와주세요!
오후 11:26 · 2012년 6월 14일
2리트윗 8마음에 들어요
CAFE.UNPLUGED

2012년 7월 2일
혜린
수현
신승은
라오
그럼, 이만 마지막 공연 마치겠습니다.
들어주셔서 감사해요!
cloud
그날 처음으로 공연 뒤풀이가 있었다.
근데~ 진짜 아무리 생각해 봐도
승은 님 음악은 너무 새롭지 않아요?

제…
제 음악이요··?
아하하…
저는 제대로 작곡 공부도 해본 적 없는걸요.
새롭다는 게 칭찬일까?
아직까지 공연 몇 번 해본 게 전부고….
에이 승은 님 그런 게 뭐가 중요해요~.
새롭다는 건,
익숙해지면 별로가 되어 버리는 거 아닐까.

아! 참,
ㅇㅇ님
이번에 앨범
내셨다면서요!
앨범은
어떻게 내는
거예요?
아~
우선 적금을
깨면 돼요!
그분의 답에
사람들이 다들
웃고 넘어갔다.
그때
알았어야
했는데…
음악도 결국
내 돈 써가면서
적금 깨가면서
해야 한다는 걸.
물론 그때
알았어도 지금과
비슷했겠지만.
나는 8월에도
오픈마이크
공연을 신청했다.
이곳의 오픈마이크는
이전과는 다른 특이한
점이 있었는데,

이번 순서는
ㅇㅇㅇ님 입니다!
사장님의 제비뽑기로
공연 순서가 결정
된다는 점이었다.
오늘 공연
인원은 열 팀··
그리고 지금은
9번째 순서··
그 말은···
내가
마지막 순서··!
들어주셔서
감사했습니다!
벌써 끝?!
자!
그럼, 이제 오늘의
마지막 순서, 신승은 님의
공연입니다~

아직도 그날의
상황이 기억난다.
터질 것 같은 심장을
겨우 부여잡고
사람들 틈을 지나,
안녕하세요.
신승은입니다.
그럼·· 첫 곡은
<나는 누구인가>입니다.
시작하겠습니다.
벌벌 떨며
노래를 했다.

다른 사람들은 모두
두 곡씩 노래했는데
마지막 순서라고
사장님께서 한 곡을
더 하게 해주셨고.
사람들은 내 노래를
듣고 엄청 웃고
박수를 쳐주었다.
내가 뭐라고··
기분이
이상했다.
그리고 얼마
지나지 않아
카페 언플러그드에서의
기획 공연이 잡혔다.

Part. 2

아무도 오지 않는 공연

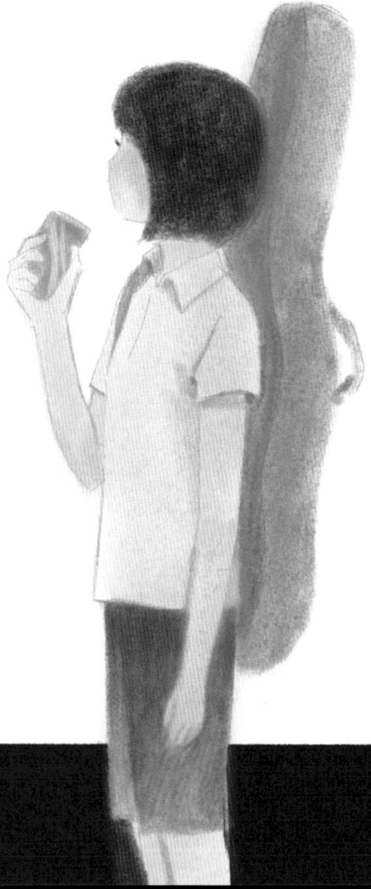

승은이는 오늘
또 기타레슨 가니?
아하하 네~
요새 레슨이 좀
많이 잡혀서요.
아예 레슨
알바를 안하고 있는
건 아니니까…
이제 와서 말하자면,
당시의 나는 부모님께
공연 사실을 철저히
비밀로 했다.
왠지 절대 말하면
안 될 것 같았다.

나중에 시간이 흐르고서
엄마한텐 말했는데
아빠한테는
계속 숨겼다.
그런데 어느 날,
회사에서 아빠가
심심했는지
니 혹시
노래 부르고
다니나?
네이버에
내 이름을 검색했다가
사단이 났었다.
짙은 여름.
후..
안녕하세요~
CAFE UNPLUGG
여름 기획 공연
·정밀아
·라오
·신승은
음료구매시
공연무료
실내에서 30분을
하는 공연은
처음이었다.

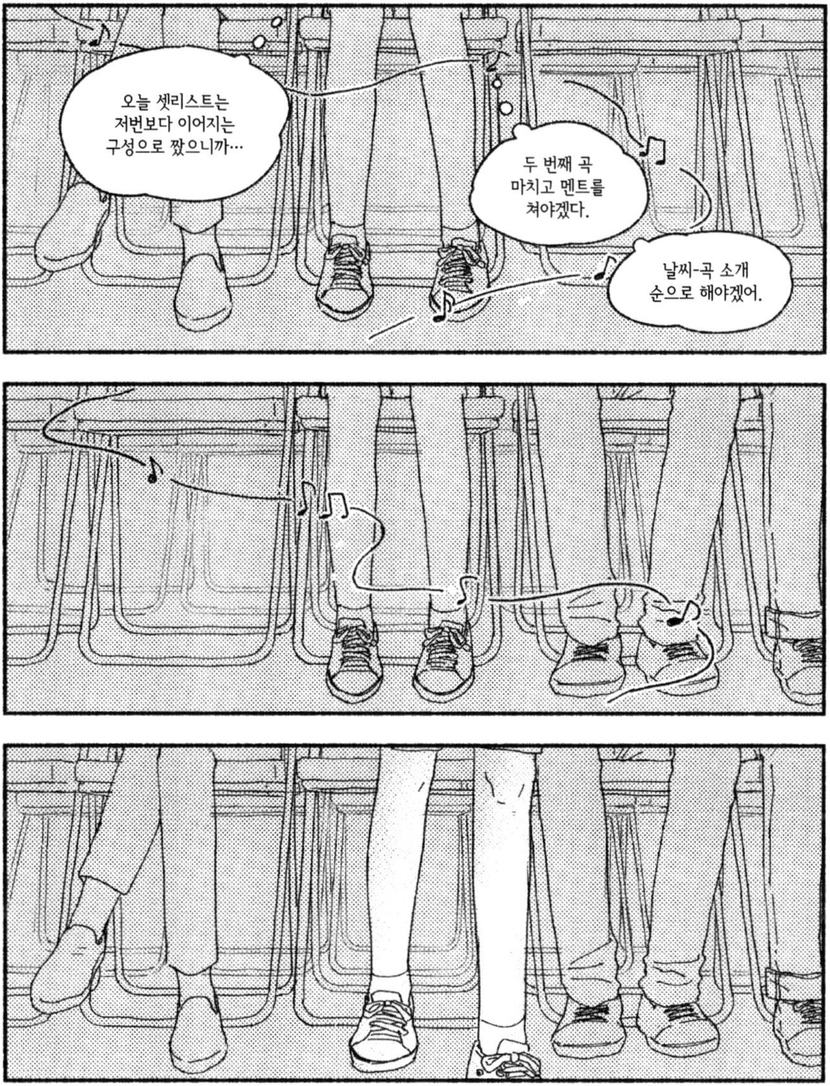
오늘 셋리스트는
저번보다 이어지는
구성으로 짰으니까…
두 번째 곡
마치고 멘트를
쳐야겠다.
날씨-곡 소개
순으로 해야겠어.

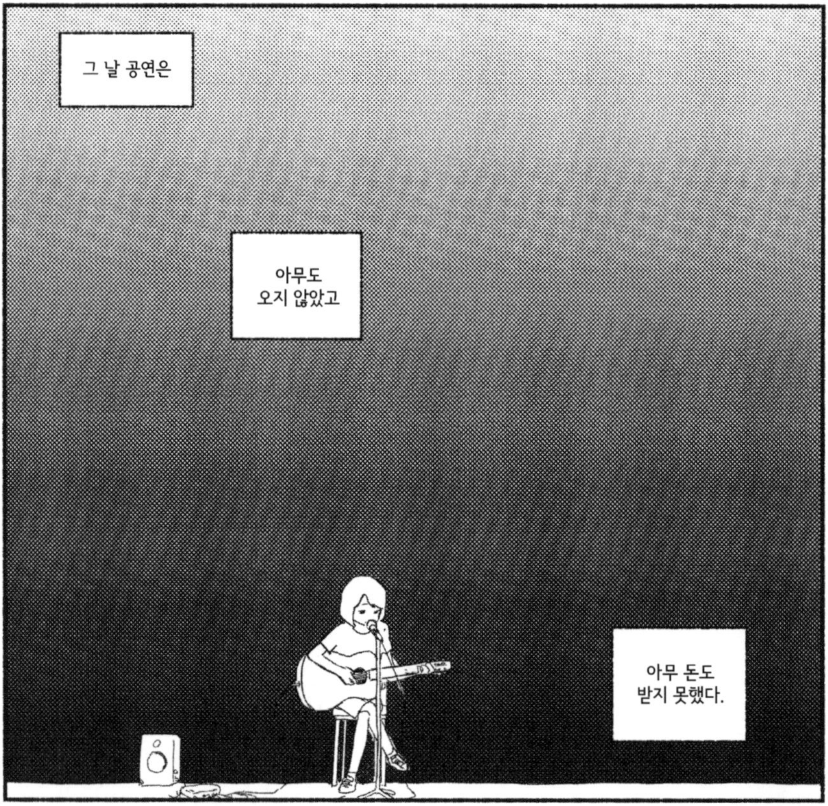
그 날 공연은
아무도
오지 않았고
아무 돈도
받지 못했다.

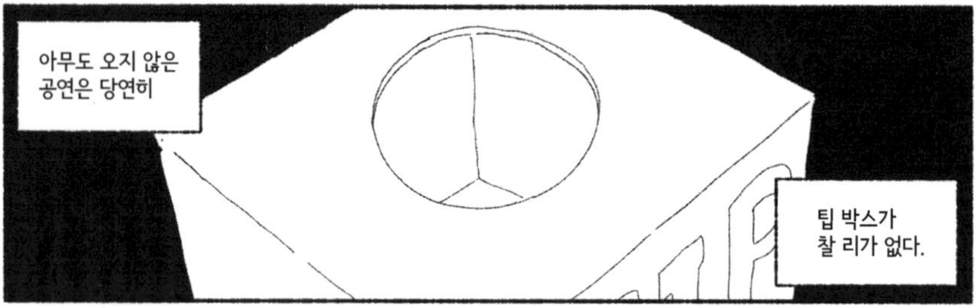
아무도 오지 않은
공연은 당연히
팁 박스가
찰 리가 없다.

아.
내가 너무 나이브하게 인디씬에 접근했구나.
처음으로 하는 기획공연이자
짝..
짝
짝
그럼에도
짝..짝
처음으로 하는 관객 없는 공연.
같은 라인업에 있는 뮤지션들이 함께하니 좋았다.
지금까지 신승은 이었습니다.
감사합니다!

그로부터 몇 주 후
여기 맞나··?
연희동에 있는 한 호프집 같은 곳에 공연이 잡혔다.
저··· 안녕하세요.
아 신승은 씨죠? 잠깐 이쪽에 앉아요~.

안 온다….
Olleh 3G
7:
wednesday. August.
공연 시작 시간은 7시…
분명 다른 뮤지션도 온다 했는데…
Olleh 3G
7:16
wednesday. August. 9
저기
연습하는 겸 할래?
공연.

나는 준비해 간 셋리스트대로 노래를 했다.
그럼‥ 첫 곡은 <나는 누구인가>로 시작하겠습니다.
나는 누구인가
나는 누구인가
이렇게 노래를 해도
박수는 커녕
아무도 안 쳐다보고-
아무도 듣지 않는 공연을 공연이라 할 수 있을까?
끼익-

라인업에 있던
다른 뮤지션이
뒤늦게 왔지만
그 사람은
노래를 하지
않았다.
하아-

Part.3. 타임머신

공연을 하고
술을 마시며
지내다 보니
2학기가
되었다.
그 말인 즉슨
졸업이 더
가까워졌다는
뜻이다.
여기도 이제
몇 달 후면
못 온다니…

친한 친구들은 대부분 휴학을 했다.
술을 너무 자주 마신 탓인지 돈도 없다.
학교 노천 극장에서 기타를 치고 술을 먹고
학교 공원에서 술을 먹고 기타를 치고
이 사람 저 사람 만났지만
가벼운 관계로 끝났다.

왜일까?
하고 싶은 대로 하며 지내놓고
답답한 마음이 들었다.
승은아.
집엔 언제 가?
시간 괜찮으면
우리랑 같이
요 앞에 포차 가서
한잔할래?
아…
난 빠질게.
오늘은
좀 더 있다가
가려고~.
그래?
알겠어~
나갈 때
문 꼭
잠그고 가~.
탁-

이 시기에,
그러니까
2012년 9월에서
10월 사이에
노래를 정말
많이 만들었다.
그전까지
만들던 노래들과
다른 차분한
노래들이었다.

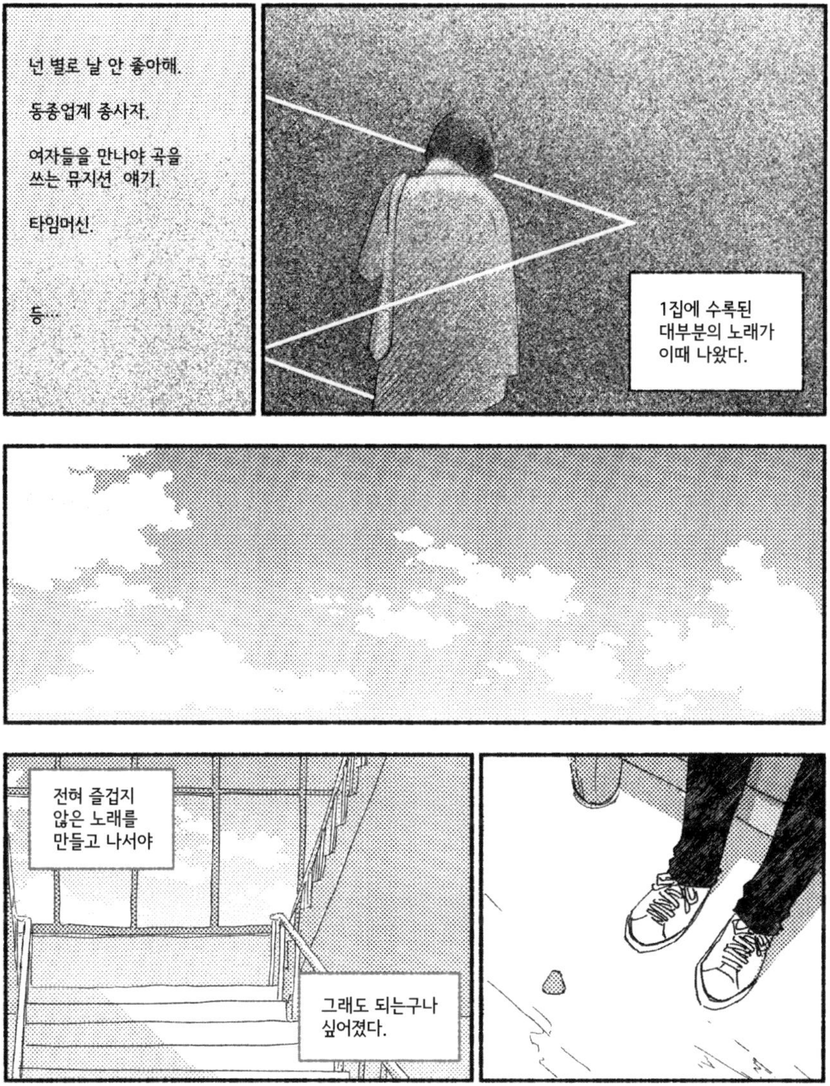
넌 별로 날 안 좋아해.
동종업계 종사자.
여자들을 만나야 곡을 쓰는 뮤지션 얘기.
타임머신.
등…
1집에 수록된 대부분의 노래가 이때 나왔다.
전혀 즐겁지 않은 노래를 만들고 나서야
그래도 되는구나 싶어졌다.

이때 만든
노래인
타임머신은
타임머신을 타고
미래로 갔다 오는
내용이다.

영화도 하지 못하고
음악도 하지 못하게 된
그런 미래에 다녀오는 것인데,
이번에 하는 트레일러 시나리오 쓰는 중?
아, 응.
한 번 읽어봐 줄래?
다행히도 그때 본 미래가 실현되지는 않은 것 같다.

음…
좋은데?
이 부분 연출이 딱 신승은스럽다.ㅋㅋ
아, 그래?
괜찮다니 다행이다.
이거 끝내고 나서 이따 밤에 술 마시러 갈래?
오 좋아~ 오랜만에 소주 어때?
완전 좋지!
아, 딱 하나 그 미래와 같은 점이 있다면
3,000원에서 4,500원으로 변해버린
여기 짬뽕 진짜 맛있다.
어떻게 이 재료로 이런 맛이 나지?
그니까 말야. 여기 진짜 괜찮지?
응응! 아니 근데 요새 소주 너무 비싸지 않아?
소주 가격 정도일까.

타임머신을 타고
미래가 아닌
과거로 돌아갈
수 있다면
별일을 다
겪겠지만
그만큼 더
좋은 친구들이
남게 될 거라고
전해주고 싶다.

신승은

- 타임머신(2012)

어째저째 하게 된 졸업
도망치듯이 떠난 워킹홀리데이 인 파리
두 달 반 간의 롱디
힘들었겠지 너는 바람

기타를 메고 나간 공원
프랑스에서 한국말로 버스킹
2유로를 건낸 술 취한 두 남자
그리곤 내 기타를 박살

카포만 들고 귀국
이듬해 작은 회사 입사
첫 월급은 세금 떼고 백십이만 원
영화감독이 되길 포기

박 부장과 간 회식
이제 한국에서 소주는 사천오백 원
노래방에서 내가 샹송을 예약
모든 상사들의 핀잔

네 달 뒤 사내 UCC 대회
나의 활약, 우리 팀 일등
모든 상사들의 칭찬
이제 회사에서 내 별명은 신 감독

상금으로 우리 팀 회식
두어 병 먹고 집에 올 때 엄마 문자
너도 슬슬해야지 결혼
우편함엔 아무렇지 않은 듯 너의 청첩장

삼 개월 동안 빨래집게인 줄 알았던 내 카포
노래는 노래방에서만 부르는 대중가요
영화, 그게 뭐지?
너는 어디

삼 개월 동안 빨래집게인 줄 알았던 내 카포
이제 내 유일한 관객은 직장 상사
사랑, 그게 뭐지?
너는 어디

오늘의 타임머신 여행 종료

Part. 4

직면, 그리고 연대

박근혜 씨가 한 번만이라도 해봤으면 좋겠어.
5년 만이라도…
진짜… 너무 불쌍해.
진짜 이번에 어떻게 해야 하나 몰라…
이번 티비 토론에서는…
승은아.
투표 꼭 해라.
아…
네, 당연하죠.

나는 정치나 사회에 아무런 관심도 없었다.
유통법 개정
2012.11.23
세상을 바꾸는 약속, 믿을 수 있는 대통령
오히려 그런 것 들을 혐오하는 쪽에 가까웠다.
집회를 무서워하고
참가자를 두려워하며 비웃는
…돌아가야지.
그런 무식한 애였다.

하지만
무대가 고팠다.
장소는
인천이라고
하셨죠?
아 네네,
부평 쪽이요.
셋리스트는
20분 정도
분량으로…
네네,
네.
그럼, 그 날
뵙겠습니다!
일단 받긴
했는데…
연대
문화제라…
이 사람들은
뭘 위해서 이런
것까지 할까.
타닥
탁
타닥
타닥
타닥
나는 콜트·콜텍 해고
노동자들에 대한
정보들을 찾아보았다.
타닥
탁
타닥
기사를 한참 읽다 보니
참 화나는 상황이었다.

아, 저깄다.
빨간 버스.
부평역
경인교대
나는 그때
많은 것들을
알아보았음에도
불구하고
그럼에도
여전히
두려웠다.

보수적인 환경에서
자라난 사람은
알 것이다.
저항없이
받아들이며
살아오다보면
잘못된 걸 알아도
잘못됐다 느끼기
어려워진다.
덜컹 덜컹..
덜컹.
치이익-
감사합니다~.
공연장이
이쪽이랬나…
공장 쪽…
아 표지판
저기 있다.

음….
분명 표지판 따라 왔는데…
여기서 어느 쪽으로 가면 되지?
툭-
툭?
언니, 혹시 공연장 찾고 있어?

음…
그렇긴 한데,
너는 이 시간에
왜 이런 데 있니?
부모님은?
어디 가셨어?
부모님?
어… 엄마 아빠
말이야. 혹시 못 찾고
있는 거야?
언니가
도와줄까?
아아~
엄마 아빠는
저기 있어.
일로 와봐.
저어기.

악기 공장의 뒤편.
그 곳엔 해고 노동자들과 어린이들이 있었다.

왜…
이런 곳에
어린이들이
있지?
어린이들은
노동자들의
자녀였고
노동자들은
2000일이
넘도록 투쟁
하고 있었다.
아이는 혼자
있지 못한다.
어른과
함께여야 한다.
정말 당연한
말이지만,
그들도 그저
평범한
사람이었다.

죄없이 탄압받는
평범한 사람.

부평 콜트악기 농성장 공권력 투입…
콜트악기 정상화와 해고 노동자 복직을 요구하며 농성을 벌이던 노동자 13명이 5일 부평 경찰서 등 3개 경찰서로 모두 연행됐다.
노동자 모두 연행
콜트악기, 콜텍 이런 회사는 모두
강경노조 때문에
문을 아예 닫아버렸다"고 지적
고공 단식 농성,
분신 투쟁, 항의 시위, 법정 분쟁까지
그런데 왜 언론은, 미디어는 그런 식으로 비추는 거지.

공장에서 쫓겨난 노동자가
원직복직 하는 것이
평화
이들을 어떻게 그런 식으로 다룰 수 있는 거지.
안녕하세요!
오늘 2부 공연 참여해 주시는 신승은 님 맞으시죠?

아, 네.
맞습니다!
만약에
공연을 시작하지
않았더라면
어땠을까?

나는 계속 나만의 우물 속에 갇혀
승은아 뭐해~
얼른 나가자.
아, 응. 지금 바로 나갈게!
…
중요한 것은 외면해가며
순수예술이라는 허상만을 좇고 있었을 것이다.

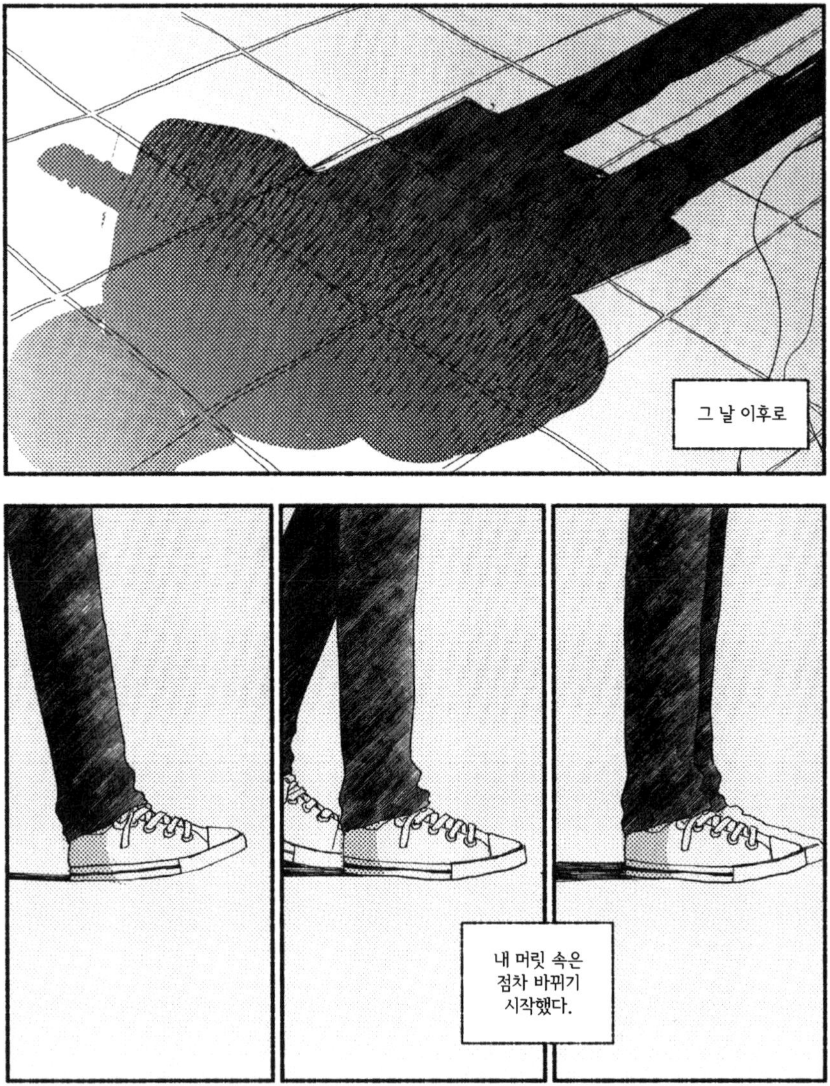
그 날 이후로
내 머릿 속은
점차 바뀌기
시작했다.

느렸지만
너무 많이
늦었지만

END

신승은(1990)

영화 만들고,
노래 만들고,
글 쓰는 사람.

클럽 온에어
2023년 5월 15일
먼데이 프로젝트 <내 안의 폭주족> 공연

2023.10.15
INTERVIEW

KOREAN MUSICIAN GRAPHIC 99

인터뷰

신승은 × 남수

음악가와 만화가의 인터뷰

MUSICIAN & GRAPHIC ARTIST

INTERVIEWER

_Namsooo

INTERVIEWEE

_Shin Seung Eun

남수

@nam.sooo

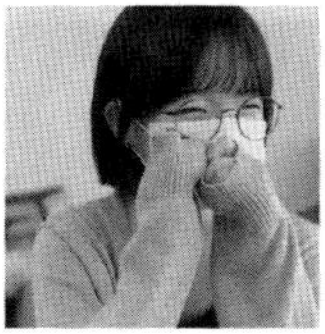

일러스트레이터, 만화가, 애니메이션 감독으로
다양한 분야를 넘나들며 그래픽 작업을 지속 하고 있다.
이번 〈음악의 사생활 99〉 신승은/2012 만화를 작업했다.

남수 안녕하세요. 신승은 감독님, 저는 〈음악의 사생활 99〉 '신승은'편의 만화를 작업한 일러스트레이터이자 만화가 남수입니다. 최근에는 출판 쪽 일러스트 작업을 위주로 하고 있습니다. 승은 님께서 독자분들께 간단한 자기소개 부탁드리겠습니다.

신승은 안녕하세요. 영화 만들고, 노래 만들고 부르고, 글 쓰는 신승은입니다.

남수 제가 이번에 신승은 님 편의 만화를 작업했지만, 분명히 현실의 승은 님과 만화 속의 승은 님이 다른 부분을 느끼실 거로 생각합니다. 완성된 만화를 보시고 난 뒤의 감상이 궁금합니다.

신승은 우선은 저보다 귀여웠습니다…. 그래서 조금 머쓱하기도 했습니다.
정말 비슷하다고 느낀 부분은 의상들입니다. 제가 따로 말씀드리지 않았는데도 진짜 입었던 옷들이 있어서 신기했습니다.

신승은

남수 작가님의 그림을 원래 알고 있었습니다. 나른하고 조금은 서글프다고 생각했습니다. 남수 작가님과의 협업 소식을 들었을 때 일차로 너무 반가웠지만 한편으로는 걱정도 되었습니다. 작가님의 그림체와 나의 캐릭터가 잘 맞을까 하는 걱정이었습니다. 작가님의 그림은 옅고 포근했는데 저는 투박하기 때문에 어울릴까 궁금하기도 했어요. (후에 원고를 받아보고 실제로 아, 나보다 너무 귀여워서 부끄럽다… 하고 느끼기도 했습니다.) 처음에 캐릭터 이미지를 잡을 때 그런 어려움은 없으셨는지 저의 기우였는지 궁금합니다.

남수

별로 어려움이 없었습니다…!

이전에 승은 님 공연을 몇 차례 가서 익숙하기도 했고, 오히려 과거 공연 영상들을 찾아보며 캐릭터를 잡다 보니 그 시절의 승은 님이 풋풋하고 귀엽게 느껴져서 느껴지는 그대로 표현했습니다.

약간의 고민이라면 앞머리 가르마의 방향을 왼쪽으로 할지 오른쪽으로 할지였는데요, 실제 그때의 승은 님은 왼쪽 가르마였지만 만화의 특성상 좌에서 우로 읽다 보니 앞머리 방향도 그에 맞춰지는 게 보기에 편할 것 같아 오른쪽 가르마로 정하게 되었습니다.

신승은 남수 작가님이 굉장히 빠른 속도로 작업을 하시는 것으로 알고 있습니다. 그 빠름 속에서도 혹시 가장 시간을 지체하게 한, 머물게 한 구간이 있었다면 어느 곳인가요?

남수 앗, 사실 제가 제 입으로 '빠른 작업 가능합니다.' 라고 많이 말하긴 하지만 그닥 빠른 것 같지는 않습니다. 너무 하고 싶은, 또는 해야만 하는 작업이 있으면 밥을 먹거나 잠을 자거나 하는 시간들을 빼서 작업에 붓기 때문에 짧은 기간 내에 많은 작업이 가능한 것 같아요. 다시 돌아와서 가장 오랜 시간이 걸린 구간을 꼽자면 역시 콘티 작업입니다. 한 장의 글을 보고 연출과 호흡을 맞추는 일은 처음이다 보니 정말 어려웠어요. 수백 번 다시 읽고 고치며 다듬었음에도 다시 보면 아쉬운 부분이 있습니다. 그에 더해 이번 만화는 2012년을 배경으로 하다 보니 맞는 자료를 찾는 데에 시간이 많이 소요되었어요. 그 당시의 편의점 간판, 길거리 모습, 대학교의 풍경, 콜트·콜텍 문화제 등 정말 많은 검색을 했습니다. 아마 살면서 가장 많이 뉴스와 블로그를 들락거린 것 같아요.

신승은 제 얘기를 줄줄 말하고 작가님이 그림을 그려주시는 작업 방식이었는데요. 우선 타인의 이야기를 듣지 않고 제 얘기만 하는 것이 좀 어색했습니다. 재미없으면 어떡하지. 기막힌 에피소드를 가진 사람도 아니고, 특별한 캐릭터를 가진 사람도 아닌데 지루하시진 않을까 우려되었어요. 다른 뮤지션이었으면 더 즐거우셨을 텐데 하는 마음이 계속 들었어요. 재미… 있으셨나요?

남수 물론 재미있었습니다! 무엇보다 한때 정말 많이 들었던 노래를 만드신 승은 님의 이야기를 그리게 되어 좋았습니다. 함께 대화를 하며 작업을 했다면 더 좋았을 텐데 제가 낯가림이 심하다 보니 이야기를 묻고 듣기만 하였네요….

그리고 저는 오히려 기막힌 에피소드가 없어서 좋았습니다. 모든 사람에게 매일 특별한 일이 일어나진 않지만, 감정은 매일 변화하잖아요. 평범해 보이는 일상 속 작은 일들에 요동하는 캐릭터를 표현하는 걸 좋아하는지라 즐거운 경험이었습니다.

남수 승은 님은 영화를 작업할 때와 음악을 작업할 때 어떤 마음가짐의 차이가 있는지 여쭙고 싶습니다.

신승은 영화를 작업할 때는 힘을 엄청 주고 한다고 해야 할까요. 긴장도가 훨씬 높습니다. 그래서 이상하게 차분해지기도 하고요. 음악을 만들 때보다 더 많은 사람과 작업을 하다 보니 거기서 오는 긴장도 있고요. 돈이 더 많이 드는 문제도 있고요. 음악을 작업할 때는 조금 더 마음이 편합니다. 특히 처음 작사·작곡을 하는 과정은 아주 편안한데요. 그냥 제가 혼자 하고 싶은 이야기를 기타 치면서 하다 보니 과정이 굉장히 자연스럽고 거침이 없습니다. 편곡을 하고 녹음을 하는 과정은 데모 작업보다는 더 힘이 들어가지만 그래도 편안한 쪽입니다. 공통점은 둘 다 몹시 즐겁습니다. 영화는 방방 뛸 정도로 즐겁고 음악은 차분하게 즐겁습니다.

남수 혹시 승은 님은 영화와 음악 말고 다른 길을 생각해 보신 적이 있으신지 궁금합니다.

신승은 돈을 벌어야 한다는 생각에 이거저거 찾아보기는 했었는데요. 외부적인 요인이었을 뿐 마음은 늘 한결같았습니다. 최근에 만든 노래 중에 "나는 떨면서 걸어간다. 이 길 밖에 몰라서, 알면서 걸어간다." 라는 가사가 있는데 딱 이 마음입니다.
가끔 길을 가다 보면 '도로 없음', '길 없음' 같은 문구를 볼 때 있는데요, 그걸 보고 거기로 걸어가는 기분입니다.

남수 2012년의 프리마켓 공연을 통해 처음 음악으로 돈을 벌게 되었다고 하셨는데요, 제가 알기로는 어릴 적에 학교에서 합창단 활동을 통해 녹음을 하셨다고 들었는데, 그때는 녹음에 대한 정산을 받지는 않으셨는지요?

신승은 초등학교 6학년 때 학년 대표로 응원가 녹음을 했는데요. 정산받지 못했습니다. 그냥 학교에서 운동회 때 쓰는 용으로 녹음을 했었고요. 그때도 목소리가 낮았는데 거기에 씩씩함이 있었어서 내레이션도 했던 기억이 납니다.

"백군 응원 시작! 청군 응원 시작!" 이런 내레이션이요.

남수 저는 일러스트레이터이자 만화가로서 처음 외주를 받은 순간 '이제 프로가 되었구나' 라고 생각했는데요. 신승은 님께서는 영화감독이자 음악가로서 양쪽에서 언제 프로가 되었다고 실감하셨나요? 그 당시의 이야기를 듣고 싶습니다.

신승은 아직 모르겠어요. 정말 아직도 장래 희망이 영화감독이고요. 이런말 하면 함께해 준 동료들과 관객분들에게 죄송하기도 하지만 정말 그렇게 느끼지 못하고 있습니다.

남수 승은님의 음악은 가사가 무척 솔직하고 상황이 연상 됩니다. 이런 부분 때문에 모든 음악이 승은 님의 직접적인 경험에서 나온거라 생각하는 리스너분들도 계실 것 같은데요. 하지만 창작을 하다 보면 모든 창작 작업이 경험에서는 오지 않았을 거라는 생각이 듭니다. 혹시 이런 데서 오는 오해를 받아보신 적 있는지 궁금합니다.

신승은 저는 99퍼센트 경험에서 나옵니다. 한데 두 경험을 섞기도 하고요. 여러 친구한테 느낀 감정을 한 대상에게 말하듯이 풀기도 하고요. 경험을 추상으로 풀기도 합니다.

오해가 있었다면, 〈타임머신〉이라는 노래가 타임머신을 타고 미래로 가는 내용인데요. 과거로 생각하는 분들이 종종 계셔서 '회사는 언제 관뒀냐', '프랑스 워킹 홀리데이 어땠냐' 묻는 분들이 계셨어요.

남수 경험에 대한 이야기를 꺼낸 김에 이에 대한 질문을 한 가지 더 드리자면, 혹시 작업한 곡중에 가장 승은 님의 경험이 짙게 묻어있고 애정하는 곡이 어떤 곡일지 궁금합니다.

신승은 모든 곡에 경험이 짙게 있고요, 특별히 애정을 주는 곡은 없습니다.
근데 경험으로 작업을 하다 보니 가장 최근의 곡이 가장 최근의 제 마음과 닮아 있어서 더 편하게 느껴집니다.

남수 개인적인 질문입니다. 저는 신승은 님의 곡 중에〈내가 아는 사람 중에 가장 똑똑한 사람〉을 정말 많이 들었는데요, 혹시 이 곡에 나오는 똑똑한 사람에 대한 이야기를 들을 수 있는지 궁금합니다.

신승은 그 친구는 기자를 준비하던 친구였어요. 술집에서 우연히 만나 친구가 됐고요. 지금은 기자로 열심히 활동을 하고 있습니다. 결혼식에도 갔었고 종종 연락합니다. 그 친구에게 '기울어진 운동장'이라는 말을 처음 들었고 그 개념이 제 안의 많은 고민을 해결해 주기도 했어요. 최근에 오랜만에 같이 술을 마셨는데요, 역시 편하고 좋았습니다.

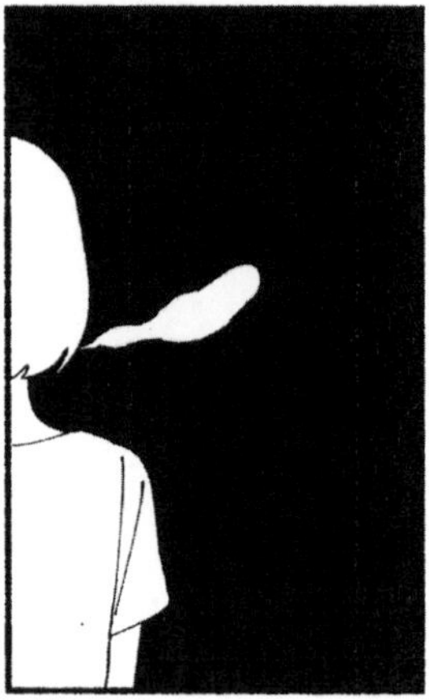

남수 이번 작업을 하시면서 2012년의 기억을 많이 돌아보셨을 것 같아요.
2012년의 신승은은 2023년의 신승은이 보기에 어떤 사람이었나요?

신승은 위태로워 보입니다. 많이 편협하고요.
좀 못됐습니다. 순진하고요.
사람들한테 상처 주고요. 혼내고 싶네요.
달래주고 싶기도 하고요.

신승은 남수 작가님의 2012년도 궁금합니다. 계속 묻고 싶었는데 왠지 실례일까 봐 여쭙지 못했어요. 조금만 들려주세요.

남수 저는 그때 중학생이서요. 매일 롯데리아 소프트콘을 사 먹고 집에 가선 마당에 키우는 개 새벽이(강아지라기엔 너무나 들개 같았어요.)를 만지고 거실에서 책을 읽거나 테레비로 애니메이션을 보고 방에서는 그림을 그리며 지냈습니다. 초등학교 때부터 친했던 단짝친구를 제외하고는 친구를 그렇게 많이 사귀지 못했는데, 오히려 그 덕에 더 많은 걸 보고 많은 걸 그릴 수 있던 것 같아요.

남수 당시 살던 집 근처 흙길에서 새벽이와 함께 뛰어다니던 기억이 납니다.

남수 저는 10대일 때부터 쭉 스마트폰으로 음악을 들었는데요. 승은 님은 10대에 어떤 기기로 음악을 들으셨나요? 어떤 음악을 많이 들으셨는지도 궁금합니다.

신승은 워크맨, CD플레이어, MP3 모두 경험이 있습니다. 16살 때부터 힙합에 푹 빠져서 열심히 들었고요 18, 19살 때는 세계음악, 시부야케이에 빠지기도 했었어요. 짝꿍이랑 MP3를 바꿔 듣던 기억이 납니다.

남수 제가 만화와 애니메이션을 만들다 보니 승은 님께서 제일 좋아하는 만화 또는 애니메이션이 궁금합니다. 최근에 감상하신 것이 무엇인지도요.

신승은 아기 때 〈루니 툰〉 시리즈를 정말 좋아했습니다. 그런 류의 미국 애니메이션을 좋아했어요. 미키 마우스, 벅스 버니, 대피 덕, 코요테, 톰과 제리 등 고전 애니메이션을 참 좋아했습니다.

먹이사슬 밑에 존재하는 캐릭터가 꾀를 부리고 포식자는 늘 당하는 그런 이야기요.

신승은 남수 작가님이 그려주신 이번 '신승은'편의 만화에서 마지막 대사가 기억에 남습니다. "싱어송라이터"라고 저를 소개하면서 끝이 나는데요. 제가 실제로 저렇게 제 자신을 소개하게 된 지가 그리 오래되지 않았습니다. 초반 몇 년 동안은 그런 말이 과분하고 부끄럽고 민망했어요. 근데 이상하죠?

사회로 눈을 돌리게 되면서 역으로 저의 쓸모를 조금은 알게 되었고 그래서 언젠가부터는 저 말을 할 수 있게 되었어요. 그 마음을 다 알아주신 것 같아 감사했습니다. 마지막 대사를 고르고 적으실 때 어떤 마음이었을지 궁금합니다.

남수 저는 직업을 말하며 자기소개를 할 때 '그 일을 통해 내가 하고 싶은 말을 하는

남수 사람'이라고 생각하며 말합니다. 그게 '애니메이션 감독'이든 '일러스트레이터'든 말이죠. 이 만화의 '신승은'이라는 캐릭터도 비슷하지 않을까 싶었습니다. 이전까지는 즐거워서 공연을 하고 싶어서 노래를 했다면, 마지막에 가서는 '나는 내 노래로 말하는 사람', '내 노래로 이들에게 연대를 보내는 사람'이라고 생각할 거라고 상상했어요. 저의 상상 속 승은 님의 마음과 실제 승은 님의 마음이 비슷했다니 기쁘네요!

남수 마지막으로 작품을 보신 독자분들과 승은 님의 음악을 좋아하는 리스너분들에게 전할 말씀 있을까요?

신승은 늦은 만큼, 느린 만큼 열심히 걸어보겠습니다.
들어주셔서 늘 감사합니다. 덕분에 살아갑니다!

**

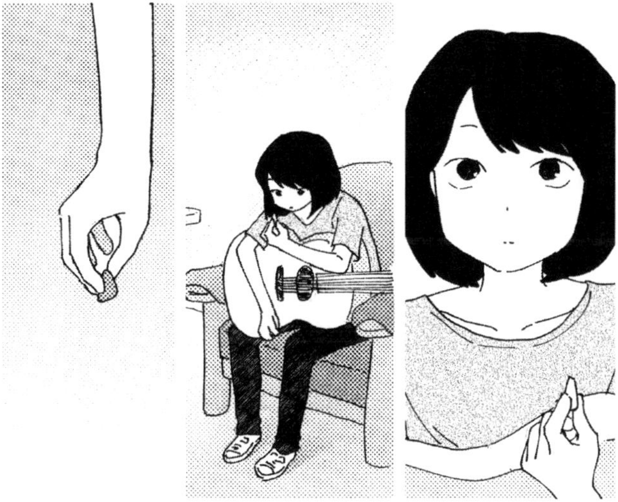

글: 김윤하 / 대중음악평론가

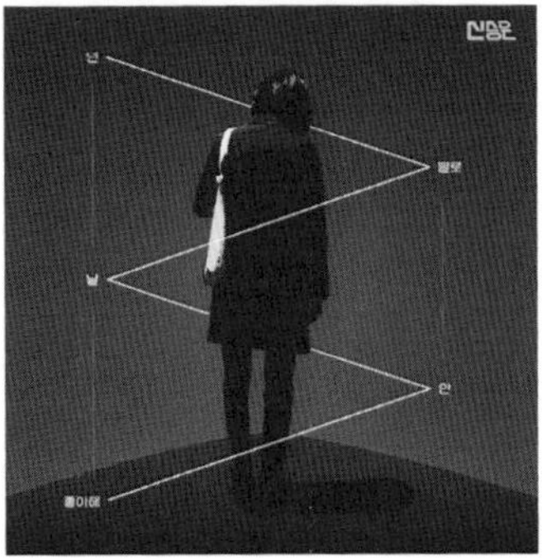

신승은

1st album
넌 별로 날 안 좋아해 (2016)

1. 동종업계 종사자
2. 내가 아는 사람 중에 가장 똑똑한 사람
3. 무기력
4. 애매한 게
5. 여자들을 만나야만 곡을 쓰는 뮤지션 얘기
6. 넌 별로 날 안 좋아해
7. 흥
8. 답답함
9. 지하철 한 정거정 거리를 함께 비를 맞으며
10. 퉁

딱히 음악가를 지향하지 않았던 음악가 특유의 분위기가 있다.

이들이 만드는 음악의 길에는 음악만을 바라보며 달려온 이들 사이 흔히 생기기 마련인 '돌아가시오' 표지판이 없다. 그저 곧고, 또 곧다. [넌 별로 날 안 좋아해]는 영화를 사랑했고, 힙합을 즐겨 들었으며, 5년 가까이 라이브를 하면서도 자신이 만들고 부르는 음악을 어떤 음악이라고 불러야 할지 잘 모르겠다고 말하는 싱어송라이터 신승은의 첫 앨범이자 정규 앨범이다.

앨범에는 10곡의 노래가 빼곡하게 들어 있다. 다수의 라이브 클럽과 거리에서 노래를 불러온 만큼 만들어 둔 노래는 이미 차고 넘쳤다. 신승은이 어떤 음악을 하는 음악가인지는 첫 곡 '동종업계 종사자'부터 뚜렷이 드러난다. 그의 노래에는 막힘이 없었다. 하고 싶은 말이 있고, 입을 떼면 착 붙는 리듬과 멜로디가 마치 그 문장이 태어날 때부터 한 몸이었던 것처럼 절로 흘러나왔다. 낮고 허스키한 신승은의 목소리는 좋아하는 이에게 드는 알 수 없는 열등감이나('동종업계 종사자'), 불확실한 미래 앞에 아무리 술을 마시고 게워 내도 풀리지 않는 답답함('답답함'), 영화와 음악과 자아 그 어디에도 분명한 답을 내리지 못한 채 엉거주춤 서 있는 자신까지도 망설임 없이 힘 있는 필체로 쓱쓱 그려냈다. 졸업을 앞둔 대학교 4학년의 일기장 같기도, 재치 있는 단편 영화의 한 장면 같기도 한 그의 노래들이 느긋하고 때론 흥겨운 리듬을 탄 채 그 문장과 마음을 기꺼이 자기 삶에 초대할 이를 찾아 떠난 첫 여행의 기록이다.

신승은

2nd album
사랑의 경로 (2019)

1. 내가 신으로 태어난다면
2. 내가 그대를 사랑하는 마음은 너무 평범해요
3. 우리가 친구가 될 수 있을까요
4. 어렸을 때부터 난
5. 욕심
6. 쇳덩이
7. 안음
8. 우리는 각자 모두가 문제점이 있어
9. 잘못된 걸 잘못됐다
10. 왈츠를 배워볼게
11. 사랑의 경로

음악가가 발표한 새 작업을 두고 성장이나 성숙 운운하는 건 얼마나 속 편한 일인가. 누구나 시간이 지나면 어떤 식으로든 자라기 마련인 몰개성의 성장 대란 속에서 신승은의 두 번째 앨범 [사랑의 경로]를 들으며 떠올린 건, 어쩔 수 없이 '성숙'이었다.

[사랑의 경로] 속 음악은 적어도 그가 3년 전 들려준 노래들에서 형식적으로는 크게 달라지지 않은 모습이었다. 사람으로 비유하자면 이미 이차 성징이 모두 끝난, 키도 덩치도 전과 비슷한 모양새였다. 적어도 물리적 성장을 중심에 두고 이야기할 만한 작업은 아니었다는 이야기다. 다만 눈에 띈 건 여전히 올곧게 펴져 나가는 연주와 목소리 사이 부쩍 깊어진 사유의 폭이었다. 이것을 성장이 아니면 무어라 말할 수 있을까. [사랑의 경로] 속 노래들은 눈앞에 둥둥 떠다니는 불확실한 미래와 두런두런 수다를 떨던 동아리 방에서 한참이나 먼 곳에 도착해 있었다. 삶과 사랑에 대한 뾰족한 고찰이 곳곳에서 묻어나는 앨범은 '내가 신으로 태어난다면 그댈 사랑만 하고 바라지 않겠다'는 품 넓은 다짐이나('내가 신으로 태어난다면') '우리 모두 각자 문제점이 있지만 그걸로 사랑하지 않을 순 없다'는 어른스러운 깨달음을('우리는 각자 모두가 문제점이 있어') 차곡차곡 쌓아 나간다. 그리고 '잘못된 걸 잘못됐다'에 이르러 아프도록 현실을 자각한다. 그 모든 순간의 마무리가 앨범의 마지막 곡 '사랑의 경로'라는 것마저도. 차가운 현실을 뜨겁게 음악에 녹여내는 방법을 알게 된 특별한 이만이 거둘 수 있는 성취가 돋보이는 앨범이다.

신승은

EP
인간관계 (2021)

1. 하하하하 (Feat. 로삼)
2. 항상 축배를 드는 친구
3. 너도 나도 나쁘다기 보다는
4. 나는 어쩔 때 보면 슬픈 일 일어나기만 기다린 것 같아
5. 명상의 시간
6. 명상의 시간 (Instrumental)

두 장의 정규 앨범을 통해 자신만이 해낼 수 있는 음악적 성취를 증명한 신승은은 예상보다 길게 이어진 팬데믹의 한가운데 앨범 한 장을 뚝딱 가져왔다. 두 장의 정규 앨범과 한 장의 미니 앨범, 다수의 싱글을 발표하는 동안 그가 세상에 내놓은 이야기와 활동하는 영역은 전과는 비교할 수 없을 정도로 넓어져 있었다.

어느덧 이름 뒤에 감독이, 작가가, 가수가 붙어도 어색하지 않은 사람이 된 신승은이 이전보다 비교적 가벼운 터치로 가져온 앨범에는 네 글자, '인간관계'가 간판으로 내걸렸다. 삶에 대한 고찰은 사랑에 대한 고찰로, 사랑에 대한 고찰은 다시 사람에 대한 고찰로 이어졌다. 삶, 사랑, 사람. 어딘가에서 많이 들어본 듯한 익숙한 사고의 흐름은 그대로 다섯 곡의 노래가 되어 앨범에 내려앉았다. 예고 없이 '나이가 들수록 성격이 얼굴에 드러난대'라는 말로 듣는 이의 마음을 훅 찌르고 들어오는 앨범은 사람과 사람 사이 찌들어 있는 각양각색의 구태를 하나씩 끄집어내 신승은 특유의 위트로 절묘하게 버무려 낸다. 랩이나 클라리넷 같은, 그동안 신승은의 앨범에서 듣기 힘들었던 새로운 시도를 찾아보는 재미도 쏠쏠하다. 그러나 무엇보다 압권은 연주 버전으로도 실려 있는 마지막 트랙 '명상의 시간'이다. '노래는 어떻게 다 잘 들으셨나요'라는 말과 함께 각 트랙에 따라 떠올리는 사람들에 대한 애프터 서비스까지 살뜰하게 챙겨주는 노래는 앨범의 백미이자 평소 신승은의 음악 속에 꼭꼭 숨어 있던 그의 냉소적 유머 감각이 제대로 폭발한 트랙이다.

□ 신승은 DISCOGRAPHY 연표(2023년 10월 까지)

2016. 12.06	1집	[넌 별로 날 안 좋아해]
2017. 07.03	싱글	[빙수 좋아하니...]
2019. 01.31	싱글	[잘못된 걸 잘못됐다]
2019. 02.28	싱글	[내가 그대를 사랑하는 마음은 너무 평범해요]
2019. 03.29	싱글	[어렸을 때부터 난]
2019. 04.29	싱글	[왈츠를 배워볼게]
2019. 05.22	2집	[사랑의 경로]
2020. 02.29	싱글	[올해의 운세]
2020. 07.19	싱글	[헝]
2021. 03.20	싱글	[생각나는 얼굴들]
2021. 10.10	EP	[인간관계]
2022. 02.19	싱글	[억울해]
2022. 06.07	싱글	[부르는 편지]
2023. 05.01	싱글	[내 안의 폭주족]
2023. 07.06	싱글	[텀블러를 닦아줄게]

2023.10.15
INTERVIEW

KOREAN MUSICIAN GRAPHIC 99

인터뷰

신승은 X 김윤하

음악평론가와의 인터뷰

MUSICIAN & MUSIC CRITIC

INTERVIEWER

_Kim YoonHa

INTERVIEWEE

_Shin Seung Eun

김윤하

@romanflare

대중음악평론가.
들어오는 일 마다하지 않고 가는 일 붙잡으며
짧지 않은 영욕의 세월을 보냈다.
아무도 눈여겨보지 않는 곳에서 아름답게 빛나는 소리에
스포트라이트를 비추고픈 오랜 청취자다.

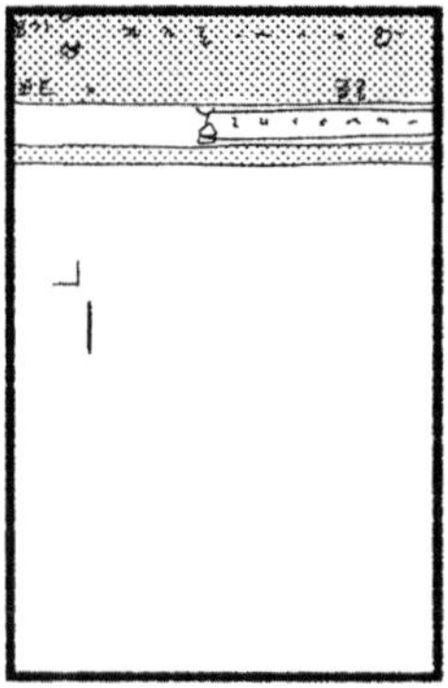

김윤하 신승은 님 안녕하세요. 인터뷰를 할 수 있게 되어 무척 영광입니다. 독자 여러분을 위해서 간단한 소개 부탁 드려요.

신승은 안녕하세요. 영화 만들고 노래 만들고 글 쓰는 신승은입니다.

김윤하 사실 한 단어나 한 문장으로 승은 님을 정의하는 건 불가능에 가까운 일이 아닐지 싶어요. 노래를 만들어 공연하고, 중간중간 앨범도 내고, 시나리오도 직접 쓰고 연출도 하시죠. 다양한 지면에 기고도 하시고요. 여러 일을 동시에 하는 즐거움만큼 어려움도 많을 텐데요, 구체적으로 어떤 면이 즐겁고 어려운지 알려주실 수 있을까요. '백수로 자주 오해 받는 프리랜서' 삶의 희로애락이 궁금합니다.

신승은 일정이 유동적인 것이 즐겁습니다. 매번 다른 분들을 만나는 것도 재밌고요. 계속 오래 보다 보면 저의 못난 점을 들킬 것 같은데 짧게 만나면 그래도 좀 숨길 수 있지 않을까 싶은 마음도 있습니다. 여기저기 출장 가는 것도 좋고요. 숙소에서 혼자 적막과 함께 술 마시는 시간이 좋습니다.

어려움은 아무래도 돈입니다. 어떤 달에는 갑자기 수입이 뚝 떨어져서요. 그럼, 그 전전달부터 불안하더라고요. 이제는 대충 어느 시기에는 돈을 못 번다. 이런 감이 오는데, 그러니까 버는 달에 더 많이 벌어야 한다는 압박도 있고요. 그렇지 못할 때의 두려움과 진짜 이대로 영영 못 버는 것 아닐지 하는 막막함이 늘 함께합니다.

김윤하 만화를 보면 영화는 정말 하고 싶었던 일, 음악은 우연히 시작한 일에 가까워 보여요. 조금 달랐던 시작점은 두 가지 일에 임하는 승은 님의 자세와 결과물에 어떤 영향을 끼쳤나요.

신승은 영화를 하는 건 저에게 엄청난 행복이면서 동시에 조금 부자연스러워요. 너무 좋아하는 사람 앞에서 힘이 들어가 어색한 행동을 하게 되는 그런 것과 비슷합니다. 설레는 마음으로 약속을 잡고, 외출 전에 거울 앞에 서서 한참을 서성이고, 만나서는 눈도 잘 못 보고, 집에 오면 같이 있었다는 사실이 꿈처럼 느껴져서 눈물이 나는 그런 애타는 연인의 마음 같아요. 결과물을 보면 아쉬운 점이 많아요. 조금 더 이렇게 해볼걸, 하는 아쉬움이요.

음악은 자연스럽게 시작했고 지금까지의 모든 과정이 흐르듯이 지나왔어요. 친구랑 가까워지듯이 술 먹고 대화 나누고 시간 보내고 그런 느낌으로요. 심심풀이로 노래를 만들다가 공연 하게 되고, 그러면서 우연히 동료들을 만나고, 그들의 도움을 받아 앨범을 내고, 또 다른 동료들을 만나게 되고 이런 식이었습니다. 영화를 만드는 건 계단을 올라가는 것 같다면 음악을 만드는 건 에스컬레이터를 타는 것 같아요. '끙끙'이 아니고 '슝-'이었습니다. 근데 그 '슝-'의 목적지는 '끙끙'과 비슷한 것 같아요. 아쉬워요.

김윤하 결국 '좋아하는 마음'이 승은 님의 모든 활동의 동력이 아닌가 하는 생각이 들어요. 승은 님에게 '좋아하는 마음'이란 어떤 건가요.

신승은 제가 밥솥이면 '좋아하는 마음'은 쌀 같아요. 잘 씻어서 물 넣고 취사를 해 밥을 만들어서 나도 먹고 다른 사람들도 나눠주고 싶어요. 그냥 담아둘 수도 있는데 저는 쌀통이 아니라 밥솥이니까요!

김윤하 인디 음악가의 삶이 녹록하지 않다는 건 누구나 막연히 생각하지만, 만화에 상당히 적나라하게 드러나 있어서 놀라는 분들도 많지 않을까 싶어요. (웃음+눈물) 클럽 운영이나 출연료 등에서 인디신은 여전히 부조리하고 어려운 부분이 참 많죠. 음악가 입장에서 어떤 부분이 가장 빨리 개선되어야 한다고 생각하세요.

신승은 음원 사이트에서 덜 가져가면 좋겠습니다. 기획 공연 시에 최저 페이 선이 있으면 좋겠습니다. 만 원이라도요. 합주 비, 세션 비(기획 측에서 밴드 셋을 원하는 경우), 문자 통역, 수어 통역 비용을 아티스트가 전부 부담하지 않았으면 좋겠습니다.

김윤하 승은 님의 노래는 노랫말이 차지하는 비중이 커요. 가끔은 멜로디와 연주가 그저 승은 님이 하고 싶은 말을 전달하기 편하게 해주는 신발이나 날개가 아닌가 하는 생각이 들 정도로요. 어쿠스틱 기타를 치면서 노래하기 때문에 포크 음악가로 쉽게 분류되지만 딱히 포크 음악을 한다고 생각하진 않는다고 이야기를 하신 적도 있고요. 승은 님에게 신승은의 음악은 세상과의 어떤 매개일까요.

신승은 비밀을 아주 큰 소리로 읽는 느낌입니다. 근데 비밀을 다 말하는 것은 아니고요. 그냥 '비밀'이라는 단어 자체를 계속 외치는 느낌이에요. 세상에 인정받는 느낌보다는 '그냥 존재한다!' 이렇게 말하는 기분입니다.

김윤하 만화를 보면 1집 대부분의 곡을 2012년 9월에서 10월 사이에 만들었다고 되어 있어요. 개인적으로는 이런 순간이 일종의 '예술가의 탄생' 아닐까 싶은데요, 당시 기억을 좀 더 자세히 나눠주실 수 있을까요. 작업 환경이나, 한 곡이 완성되기까지의 시간이나 완성되었을 때의 기분 같은 것들이요.

신승은 그때, 음악가 동료들이 갑자기 많이 생겼어요. 그분들의 노래를 들으면서 새롭고 재밌다는 감정을 잔뜩 받았어요. 곡은 원래도 빨리 쓰는 편이라 (전에는 장점이라고 생각했는데 이제는 단점 같아요.) 후루룩 썼습니다. 〈넌 별로 날 안 좋아해〉, 〈여자들을 만나야만 곡을 쓰는 뮤지션 얘기〉, 〈동종업계 종사자〉, 〈타임머신〉 등의 노래를 저 시기에 만들었습니다.
졸업을 앞두고 온갖 불안과 인디씬이라는 새로운 세계가 주는 자극이 제게 무척 컸습니다.
만들고 나서는 별생각없었어요. 그때만해도 앨범, 뮤지션, 녹음, 이런 단어가 저랑은 전혀 상관없다고 생각했었거든요.

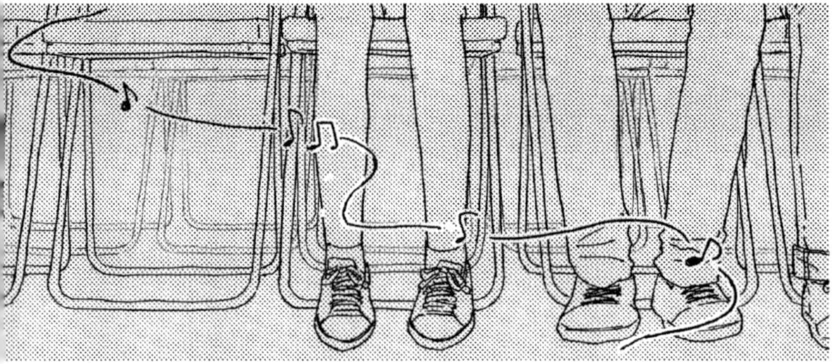

김윤하 그렇게 발표된 노래도 그렇고 이후에도 승은 님의 노래에는 사랑하고 분노하고, 외로워하고 두려워하고, 고백하고 비난하는 여러 시간이 스쳐 지나갑니다. 그리고 결국 모두 '사람'으로 귀결돼요. 첫 앨범 [넌 별로 날 안 좋아해]에서 최근작 [인간관계]에 이르기까지 승은 님 음악에는 갖은 사람과 관계가 꽉 차 있는데요. 사람 또는 사람과 사람 사이의 관계는 승은 님의 음악에서 어느 정도의 비중으로, 얼마나 중요하게 자리하고 있나요.

신승은 가끔은 치사하다고 느낄 정도로 아주 중요합니다. 음악으로 인해 만날 수 있었던 관계들이 많았고 그래서 음악에 고마우면서도 누군가가 나에게 (내 음악으로 인한) 어느 정도의 긍정적인 마음을 갖고 있는 상태여야만 나는 관계를 맺을 수 있는 것인가 고민하기도 합니다.

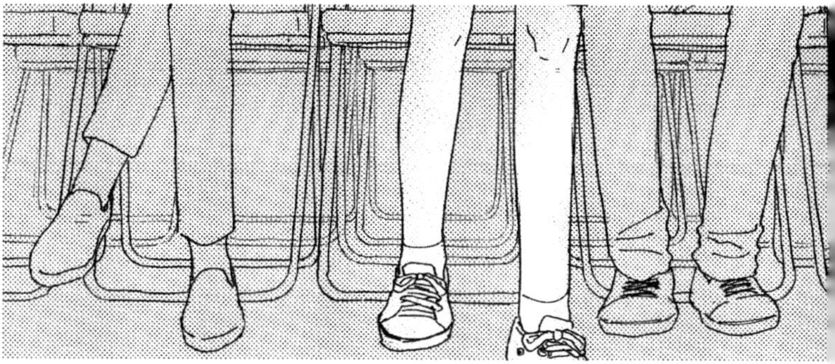

신승은 좋은 사람도, 나쁜 사람도, 좋아하는 사람도, 싫어하는 사람도, 때로는 아무 감정이 없는 밋밋한 관계의 사람도 다 저에겐 자극을 줍니다. 내가 호기심으로만 사람을 대하는 것은 아닌가 의문이 들 때도 있고요.
그리고 결국 타인을 보면서 느끼는 것도 내가 느끼는 것이기 때문에 참 개인적이구나 사람은, 어쩔 수 없구나 싶기도 합니다.

김윤하 노래와 목소리가 필요한 곳에서 자주 노래하고 계세요. 만화에는 정치나 사회문제에 전혀 관심이 없던 시절에서 '이랑, 오지은, 슬릭 그리고 신승은'이 된 지금에 이르기까지 승은 님을 강하게 이끌었던 상황에 대한 묘사도 담겨 있어요. 그런 현장은 음악가에게 어떤 형태의 영감이나 에너지를 전하고, 변화를 만드나요. 궁금합니다.

신승은 분노, 희망, 연대 여러 가지 마음이 드는데요. 음악에 한정 지어서 이야기해 보겠습니다. 어쩌면 내 음악이 쓸모 있을지도 모르겠다. 그런 생각이 듭니다. 필요한 곳에서 노래 하는 경험은 저라는 창작자에게 큰 힘이 되었습니다. 그렇다고 필요한 노래를 만들지는 못하지만요. 적어도 무쓸모는 아니지 않을까 하는 착각을 품게 해줍니다.

김윤하 그 에너지가 승은 님 음악에 어쩔 수 없이 큰 영향을 끼쳤을 거로 생각합니다. 관련해 특별히 기억에 남는 작업 과정이나 곡이 있을까요.

신승은 〈당신은…〉이라는 곡이 있습니다. 발매하지는 않았습니다. 술자리에서 어떤 사람이 성차별적인 말을 하는 것을 듣고 '우와, 정말 어떤 면으로는 대단하다(대~단하다.)' 싶은 마음에 훅 떠오른 곡이었습니다. 만들고 처음 공연장에서 부르던 순간을 잊을 수 없습니다. 무서웠거든요. 후렴이 "당신은 성차별주의자~ 성차별주의자~" 이런데요… 떨리고 겁났어요. 근데 박수가 많이 나와서요. 뭐야 우리 같은 마음입니까? 괜히 쫄아서 미안합니다! 싶었어요.

김윤하 닭이 먼저냐 달걀이 먼저냐 일 수 있지만, 우물쭈물 에두르지 않고 직접 대상을 겨누는 승은 님의 음악이 목소리가 꼭 필요한 장소들과 좋은 시너지를 내지 않나 싶어요. 〈잘못된 걸 잘못됐다〉 같은 곡이나 "너는 성차별주의자"를 절로 떼창하게 만다는 〈당신은…〉 같은 곡이 대표적이지 않을까 싶은데요. 이런 곡들은 승은 님의 음악 세계에서 어떤 위치를 차지하고 있을까요.

신승은 특별히 다른 곡과 다른 위치를 갖고 있지는 않습니다. 다른 곡과 비슷하게요, 용기 내서 제 얘기를 슬쩍 했는데 누군가가 공감해 주신다면 기쁘고 또 공감해 주신분의 마음을 생각하면 속상하기도 하고요.

김윤하 어디서든 목소리를 낸다는 건 쉽지 않은 일이잖아요. 심지어 노래로 만들어 부른다면 더더욱요. '두렵다'는 이야기를 솔직히 하면서도 두려움을 외면하거나 피하지 않고 밟고 일어나 앞으로 나아가고자 하는 의지와 용기가 승은 님의 노래를 든든하게 받치는 가장 큰 생명력 아닐지 싶어요. 그래도 솔직히 두려운 건 여전히 두렵잖아요. 삶의 두려운 여러 순간을 극복하는 승은 님만의 노하우가 있을까요.

신승은 숨습니다. 〈당신은…〉을 발매하지 않은 이유도 두려움 때문이고요, 저는 다쳐가면서 부러지면서 싸울 용기가 없는 사람 같아요. 적당히 숨고요… 한 이백 바퀴 돌려 돌려 말하기도 하고요. 남의 용기에 기대고요. 비겁하지만 숨어가면서 표현합니다.

김윤하 지금까지 만들었던 노래 가운데에서 승은 님이 생각하는 가장 잘 만들어졌다고 생각하는 곡은 어떤 곡이고, 이유는 뭔가요.

신승은 없습니다. 저에게는 다 제가 지나온 순간들이어서 유독 못난 순간은 있지만 잘난 순간은 없네요…!

김윤하 만화에서 노래 〈타임머신〉 이야기를 하면서, 타임머신을 타고 미래가 아닌 과거로 돌아갈 수 있다면 과거의 자신에게 별일을 다 겪는 만큼 더 좋은 친구들이 남게 될 거라고 전해주고 싶다고 하셨잖아요. 그 친구들은 승은 님의 삶에서 어떤 존재로 자리하고 있나요.

신승은 든든하고 편안합니다. 억지로 거짓말할 필요 없이 저를 있는 그대로 봐주고요. 각자 멋있고요. 정말 고맙습니다. 친구들이 좋아할 수 있는 음악을 하고 싶어요.

김윤하 보통 십 년이 해당 분야의 전문가가 되기 위한 최소시간 단위라고 하잖아요. 음악을 한 지 십 년이 꼬박 지났습니다. 어떠세요. 음악, 이제 좀 알 것 같나요.

신승은 진짜 모르겠습니다! 그나마 눈곱만큼 알고 있던 것도 다 허상이었는지 까먹은 건지 아무튼 사라져 버린 기분이고요. 하나도 모르겠네요. 그래도 즐거운 순간들은 분명 존재하니까요. 그 느낌까지 모르지는 않습니다!

김윤하 2023년의 신승은은 신승은을 어떻게 정의할 수 있을까요. 더불어 10년 뒤, 2033년의 신승은은 신승은을 사람들에게 어떻게 소개하고 싶으세요.

신승은 2023년의 저는 부족한 사람이요. 그래서 나아질 수 있는 사람. 2033년에도 비슷할 거예요. 부족하고, 나아질 수 있고, 노력하고 있으면 좋겠네요.

**

2012년의 타임라인	2012/1 Jan.	2012/2 Feb.	2012/3 Mar.	2012/4 Apr.	2012/5 May
한국 KOREA	- MBC 노조 파업	-2012년 2월 23일 대법원 콜텍 해고 무효판결 파기환송 - 국내에 남아 있던 마지막 * VHS 생산업체인 코스모신소재(새한) 시장에서 철수 *VHS (비디오테이프)	-주5일 수업제 전면 도입 - 한미 FTA 발효	- *제19대 국회의원 선거 * 국내 최초 재외선거 도입 새누리당 과반 승리	- *여수 엑스포 개막 (Expo 2012 Yeosu) *1993년 대전 엑스포 이후 두 번째로 치러진 국제박람회
해외 OVER SEA	- 코닥 파산 신청	- 휘트니휴스턴 사망 - 아델, 앨범 [21] 그래미 6관왕	- 푸틴, 개헌으로 러시아 대통령 3기 집권 시작	- 레이디가가 내한	- 도나섬머 사망 - 비스티보이즈 해체 - 비지스 해체

	2012/6 Jun.	2012/7 Jul.	2012/8 Aug.	2012/9 Sep.	2012/10 Oct.	2012/11 Nov.	2012/12 Dec.
	- 대한민국 인구 5000만 명 돌파	- 세종특별자치시 출범 - MBC노조 총파업 잠정중단 - 싸이 6집의 곡 [강남스타일] 발매 - 파란닷컴 서비스 종료 -태풍 '카눈' 상륙	- 태풍 '담레이', '덴빈', '볼라벤' 상륙 - 펜타포트 락페스티벌 (7회) - 지산락 페스티벌 (4회) - 의정부역·여의도 흉기난동 사건	- 태풍 '산바' 상륙 - 스펀지 종영	- 북한군 노크 귀순 사건 - 서울 지하철 7호선 온수역~부평구청역 구간개통	- 싸이 [강남스타일] 7주 연속 빌보드 2위 유튜브 최다 조회수 1위 등극	- 대한민국 제18대 대통령선거 박근혜 당선 - 야후 코리아 한국 철수 - 마야달력의 끝 종말론의 유행
	- 웨스트라이프 해체	- 런던 올림픽 개막 - 힉스입자 발견	- 런던 올림픽 폐막 (종합 5위) - 런던 패럴림픽 시작 - 화성, 큐리오시티 착륙	- 아이폰5 발표 - 런던 패럴림픽 폐막 (한국 종합 12위)		- 오바마 재선 성공 - 시진핑 중국 국가 주석 임명	- 데이브 브루벡 사망 - 아베 총리 취임

2012년의 한국 음악계

글/
김윤하 음악평론가

2012년은 한국 대중음악계의 기나긴 역사 안에서도 상당히 인상적인 위치를 차지하고 있다. 좀 더 과감히 말하자면 한국 대중 음악시장은 2012년 이전과 이후로 나뉜다 해도 과언은 아니다.

때는 2012년 7월 15일이었다. 이날 발매된 싸이 6집 [싸이 6甲 Part 1]의 타이틀곡 〈강남스타일〉은 한국은 물론 전 세계적인 '현상'을 일으키며 가수 싸이 자신은 물론 한국 대중음악 역사의 방향마저 완전히 바꿔놓았다. 발매 당시만 해도 '싸이가 싸이 했다'는 평을 들으며 평범한 국내용 인기를 누리던 노래는 당시만 해도 새롭게 떠오르던 신생 매체 유튜브를 통해 독특한 뮤직비디오로 입소문을 타며 단번에 해외로 날개를 뻗어나갔다. 미국 빌보드 싱글 차트 7주 연속 2위, 한국 가수 최초 UK 싱글 차트 1위, 미국을 포함한 전 세계 30여 개국 아이튠스 음원 차트 1위 등 2012년 하반기 〈강남스타일〉은 불과 몇 달 전까지만 해도 한국 대중음악은 언감생심 꿈도 꿀 수 없다 생각했던 영미권 팝 시장의 모든 영역에 새로운 기록을 써 나갔다. 비록 몇 년 뒤 세계를 호령하게 될 아이돌 팝 형태의 케이팝이나 그들의 흥행 방식과는 차이가 있었지만, 케이팝이 국경과 인종을 초월해 폭 넓게 사랑 받기까지 큰 첫걸음을 만들어 준 노래라는 데에는 누구도 이견을 달 수 없을 것이다.

아직 본격적인 세계화가 이루어졌다 말할 수는 없었지만, '강남스타일'의 인기에 힘입어 향후 한국 대중음악 역사에 전무후무한 기록을 쓰게 될 아이돌 가수를 중심으로 한 케이팝 시장도 서서히 약진을 보이고 있었다. 국내 시장은 씨스타가 단연 돋보인 한 해였다. 아이돌로서 쉽지 않은 '대중성'을

싸이 [싸이 6甲 Part 1]

잡은 것으로 유명한 이들은 첫 미니 앨범 [ALONE]의 타이틀곡 〈나 혼자〉와 섬머 스페셜 앨범 '러빙 유(Loving U)'의 연속 히트로 일 년 내내 전국 곳곳에서 자신들의 음악이 울려 퍼지게 만들었다. 국내와 해외 시장의 조화를 발 빠르게 성공시킨 케이팝 흐름도 있었다.

바로 YG엔터테인먼트를 대표하는 보이 그룹과 걸 그룹인 빅뱅과 투애니원이 그 주인공이었다. 이미 국내 톱 아이돌의 위치에 올라 있던 빅뱅은 2012년 2월 다섯 번째 EP [ALIVE]를 신호탄으로 일 년 내내 세계 시장을 누볐다. 특히 타이틀 곡 〈FANTASTIC BABY〉는 지금까지도 일렉트로닉 사운드를 앞세운 빅뱅의 강렬한 무대를 증명하는 곡으로 유명하다. 투애니원 역시 7월 발표한 디지털 싱글 〈I Love You〉를 시작으로 서울을 비롯한 아시아, 미주, 유럽을 도는 월드 투어 〈NEW EVOLUTION〉을 시작했다. 〈I Love You〉는 이후 빌보드가 선정한 2010년대 최고의 케이팝 67위에 이름을 올리기도 했다.

하반기가 〈강남스타일〉이었다면 상반기는 단연코 버스커 버스커의 〈벚꽃엔딩〉이었다. 이후 매해 봄바람이 불 때마다 차트를 역주행하며 '벚꽃 연금', '봄 캐럴' 등의 별명까지 얻게 된 노래는 팀의 첫 번째 정규 앨범 [버스커 버스커 1집]의 타이틀 곡이었다. 한국 서바이벌 프로그램의 조상님이라 할 수 있는 '슈퍼스타K3' 출신으로 유명한 이들은, 우승자가 아니었음에도 불하고 해당 프로그램이 배출한 가장 유명한 음악가로 대중의 큰 사랑을 받았다. 특히 앨범 대부분의 곡을 만들고 부르는 보컬 장범준 특유의 듣는 이의 노스탤지어를 자극하는 정겹고 독특한 창법과 음악 스타일은 이후 등장한 어떤 가수와도 다른 버스커 버스커만의 개성이자 차별성으로 인정받았다. 앨범에서는 〈벚꽃엔딩〉 이외에도 〈여수 밤바다〉, 〈꽃송이가〉 같은 노래가 함께 인기를 얻었다.

씨스타 [ALONE]

빅뱅 [ALIVE]

버스커버스커 [버스커 버스커 1집]

한국 대중음악의 새 시대를 열기 위한 움직임은 장르 음악 신에서도 멈추지 않았다. 특히 대중화를 위한 준비를 비로소 마친 한국 힙합신의 약진이 돋보인 한 해였다. 힙합 프로듀서 프라이머리의 십 년여에 걸친 커리어와 2년여 간의 시리즈 발매를 마무리하는 정규 1집 [Primary And The Messengers LP]는 총 두 장이 CD에 스무 곡을 수록한 방대한 볼륨의 작업이었다. 압도적인 기획 규모만큼이나 출연진의 면면도 화려했는데, 가리온, 리쌍, 다이나믹 듀오 같은 한국 힙합 1세대에서 자이언티, 빈지노, 진보, 디즈, 정기고, 도끼, 팔로알토 같은 다채로운 색깔의 흑인 음악가들은 물론 케이팝 출신의 박재범(2PM)과 지오(엠블랙)까지 아우르는 방대함을 자랑했다.

한편 앨범 단 한 장으로 지금까지도 한국 힙합신이 배출한 최고의 스타 자리에 앉은 빈지노의 첫 솔로 앨범 [2 4 : 2 6]의 활약도 빼놓을 수 없다. 음악성과 대중성 두 마리 토끼를 단번에 잡아버린 앨범은 타이틀곡 〈Boogie On & On〉은 물론 수록곡 〈Aqua Man〉, 〈Nike Shoes (Feat. Dynamic Duo)〉' 같은 다수의 노래가 라디오와 음원 차트를 장악하며 한국 힙합과 대중성의 기적적인 랑데부를 이뤘다.

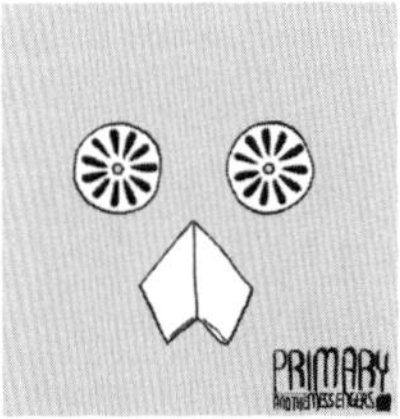

프라이머리 [Primary And The Messengers LP]

빈지노 [2 4 : 2 6]

한국에서 마지막의 마지막까지 인기를 얻지 못하는 장르일 거라는 농담 반 진담 반이 뼈아픈 블루스신의 약진도 인상적이었다. 2012년 10월에 발매된 옴니버스 앨범 [블루스 더, Blues]는 한국의 척박한 블루스 신에도 이렇게 좋은 음악가들이 많이 있다는 의지의 선언에 다름 아니었다. 홍대 안팎에서 활동하는 블루스 음악가 12팀의 노래를 모은 앨범은 한국에서 만들어진 최초의 블루스 컴필레이션 작업이기도 했다. 앨범은 강산에, 김마스타, 로다운30, 강허달림처럼 긴 시간 각자의 영역에서 잔뼈 굵은 활동을 보여준 이들에서 하헌진, CR태규, 김태춘 같은, 신에서 이제 막 떠오르던 신예들의 이름까지 아울러 담았다. 그 가운데 김대중의 〈300/30〉이라는 그 해를 대표할 만한 히트곡까지 탄생하며 2012년의 잊을 수 없는 순간을 만들었다. 이외에도 관록의 록 밴드 3호선 버터플라이의 [Dreamtalk]과 모던록과 가요 사이에서 자신들만의 섬세한 세계를 구축해 낸 밴드 9와 숫자들의 [유예] 등 믿음직한 음악을 들려주는 음악가들의 완성도 높은 새 앨범도 다수 발표되며 좋은 음악을 오랫동안 찾아 헤맨 이들에게 큰 만족감을 선사했다. 회기동 단편선의 [백 년], 이랑의 [욘욘슨], 무키무키만만수의 [2012] 등 기존의 어떤 음악과도 적절한 연결고리를 만들기 어려운 개성 넘치는 음악가들의 보폭 큰 한 걸음이 유독 돋보이는 한 해이기도 했다.

<글/ 김윤하 음악평론가>

블루스 컴필레이션 앨범 [블루스 더, BLUES]

9와 숫자들 [유예]

이랑 [욘욘슨]

신승은 PLAYLIST <past and present>

2012년의 플레이리스트5

2012

- 김목인 - 말투의 가시
- 아마도이자람밴드 - 비가 축축
- 홍갑 - 팽이
- 이랑 - winter bird
- FPM - Days and days

2023년의 플레이리스트5

2023

- 고래와 정민 - 달
- 드링킹소년소녀합창단 - 얼마나 더
- 손수현 - 엑스트라
- 오소영 - 사막의 왕
- Yelle - Complètement fou

남수

PLAYLIST
<past and present>

2012년의 플레이리스트5

2012
- 브로콜리너마저 - 앵콜요청금지
- 가을방학 - 호흡과다
- 자우림 - 일탈
- 언니네이발관 - 산들산들
- 아이유 - 하루끝

2023년의 플레이리스트5

2023
- 신인류 - 작가미정
- 선우정아 - SHUTHEFXXKUP
- ASIAN KUNG-HU GENERATION - Soranin
- SUNNYDAY SERVICE - Setsuna
- 장기하와 얼굴들 - 그 때 그 노래

디자이너의 앨범 커버 작업기

디자이너_이담영 (전 이지수)

1st album
넌 별로 날 안 좋아해 (2016)

첫 정규앨범을 만들면서 가장 깊이 고민한 것은 신승은이라는 사람을 어떻게 브랜딩할 것인가에 대한 것이었습니다. 보통 뮤지션들이 앨범을 하나 낼 때마다 컨셉 화보를 찍듯 신승은 역시 앨범 발매 후 활동하는 기간 사용할 사진이 필요했고, 당시 대학로에서 아르바이트하며 알게 된 지인 포토그래퍼를 고용해 스냅을 찍었습니다. 그분이 한창 흑백 필름 사진을 공부하던 때였는데, 다행히 '넌 별로 날 안 좋아해'의 차분한 무드와 흑백 필름의 빈티지한 단조로움이 꽤 잘 어울렸습니다. 특히 채도 높은 화려한 컬러라면 질색하는 신승은에게 찰떡이었죠.
우리가 다니던 학교 앞 단골 바 로케로 찍은 사진들은 앨범 속지에 사용했고 표지에는 쓸쓸히 걸어가는 뒷모습을 이미지로 가공해서 썼습니다. 메인 컬러가 청록 계열인 것은 아티스트의 의견이 많이 반영된 것인데요, 신승은은 컬러에 대한 호불호가 아주 명확한 편이라 몇 가지 시안 중에서 수월하게 톤 앤 매너를 결정할 수 있었습니다.

앨범 곳곳에 사용된 선형적인 디자인 요소(인물을 중심에 두고 교차하는 흰색 선(커버), Bar 공간의 벽이나 테이블을 따라 흐르는 직/곡선(속지) 커버의 흰색 선을 확대한 모습(속지) 등)는 처음부터 구상했던 것은 아니고, 여러 시안을 통해 도출된 것입니다. 참고로 처음에는 흰 선이 아닌 다채로운 그라디언트 색상의 '면(面)'을 구불구불하게 넣어 커버에 사용할 요량이었답니다. 아티스트에게 단칼에 거절당했지만요.

'신승은' 전용 BI도 디자인했는데 이것까지 당사자에게 컨펌받지는 않았어요. (BI 디자인은 애초에 요구한 사항이 아니기도 했고) 그래선지 처음에 승은이가 완벽하게 마음에 들어 하진 않더라고요. '다음 앨범 낼 때 새로 디자인해 줘야겠다' 생각했었는데 어쩌다 보니 계속 쓰게 됐어요. 보다 보니 마음에 든다고 승은이가 말하기도 했고요. 하지만 당시의 디자인이 오늘까지도 승은이 공연 포스터에 쓰이는 걸 볼 때마다 조금 아쉬워요. 더더더 끝내주게 디자인할 걸 싶어서요.

정규앨범 발매 쇼케이스 1차 포스터, 2차 포스터까지 톤과 매너를 맞춰 디자인했고, 당시 디자인에 대한 칭찬을 많이 받았어요. 대부분 노이즈가 살짝 있는 흑백 필름 사진을 배경으로 깔고 차분한 컬러 톤으로 포인트가 되는 오브제나 폰트를 사용한 것이었는데 아마 이런 형상이 앨범과 잘 어울린다고 봐주셨던 게 아닐까 합니다. 결과적으로 성공적인 브랜딩이었다고 생각합니다.

당시에 저는 디자이너로서, 승은이는 뮤지션으로서 첫 앨범이라 둘 다 서툰 만큼 열정적이었고, 거의 모든 과정을 함께 의사결정 하며 만들었기 때문에 아직도 돌이켜보면 설레고 재밌어요. 헤아릴 수 없이 감사한 경험입니다.

2nd album

사랑의 경로 (2019)

'여정', '여정 끝의 도착지'를 주된 키워드로 잡고 부수적으로는 톤과 매너를 정할 디자인 요소로 '바다'를 설정했습니다. 여정 끝에 도착하는 곳이 아름다운 파도 소리가 흐르는 해변이고, 도착지의 성격을 극대화하기 위해 '문(門)' 오브제를 썼습니다. Door to door라는 말에서도 보이듯 우리는 시작과 끝에 문이 존재한다고 인식하고 있으니까요. 그 외 여행용 가방(캐리어)가 지닌 느낌을 디자인에 녹였으면 좋겠다는 아티스트의 요청도 있었습니다.
1집 때보다 명확한 키워드로 시작해서 디자인이 상대적으로 수월했던 기억이 납니다. 아마 저도 그간 스킬이 조금 더 생겼겠지요? 참고로 당시 저는 대학교 졸업 학기를 병행하고 있었기에 사랑의 경로 디자인 작업을 제 졸업전시작으로 출품했습니다. 다른 학우들이 가상의 '상품'을 디자인해 실물화하기 위해 수백 비용을 쓸 때 저는 약간의 꼼수를 쓴 셈입니다. 여담이지만 이때 포스터 디자인 수업 과제로 제출한 작품이 실제 공연용 포스터로 쓰이기도 했습니다. 물론 과제는 전부 A+를 맞았고요. 후후….

2집을 준비할 즈음 승은이는 비건식을 지속하며 환경에 많은 관심이 있었고 본인 1집 CD가 플라스틱 커버였던 것이 너무 아쉬웠다며 2집은 종이로 제작하겠노라 다짐했습니다. 실제로 종이를 접어 플립 형태로 만드는 커버는 플라스틱보다 훨씬 비싸기 때문에 더 큰 비용을 지불해야 했습니다. 하지만 덕분에 문이 그려진 커버를 펼치면 환한 해변이 드러나는 형태가 되어서 디자인적으로는 무척 만족스러웠습니다.

정규앨범 디자인의 경우 타이틀곡을 메인으로 컨셉이 정해지기 때문에 나머지 수록곡들의 이야기를 온전히 디자인으로 녹여내기가 힘든 반면 싱글은 한 곡 한 곡의 성격을 개성 있게 커버로 드러낼 수 있었어요. 그래서인지 고유 이야기를 지닌 싱글을 네 차례 발표한 뒤 제작된 정규 2집 '사랑의 경로'는 차례차례 단계를 밟아온 느낌이 강합니다. 이야기를 겹겹이 쌓아 올려 집대성한 결과물 같은 느낌. 마침 앨범명도 '사랑의 경로'잖아요. 그래서 '너를 만나기 위해 지나온 모든 경로가 의미 있다'는 곡의 핵심 메시지와 맞닿은 디자인을 하고 싶었어요.

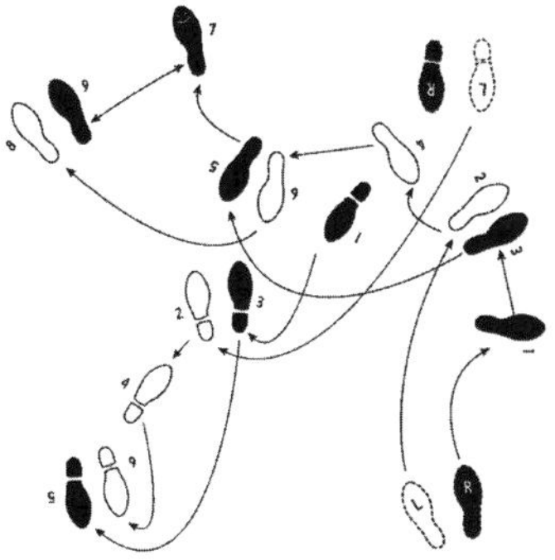

커버 속 주인공 얘기를 끝으로 코멘트를 마칩니다.

주인공은 아마 목적지에 도달하기까지 캄캄한 공간을 인내해야 했을 것입니다. 해변을 향한 마지막 관문을 통과하는 그의 손에 쥔 두툼한 캐리어는 그동안 견딘 인고의 시간을 뜻합니다. 그 세월 동안 그는 잘못된 걸 잘못됐다고 말하고 용감한 왈츠를 따라 추며 거짓없이 평범한 사랑을 합니다.
커버를 펼쳤을 때 등장하는 해변 모래사장 한편에는 그의 발자취가 그대로 남아있습니다.

EP

인간관계
(2021)

2집의 종이 앨범도 모자란다! CD 자체가 플라스틱 아니냐! 아니, 애초에 요즘 누가 CD를 듣긴 하냐! 내 앨범이 결국 지구에겐 비싼 폐기물밖에 더 되겠냐! 소리치던 신승은. 결국 디지털로 소장할 수 있는 음반을 냅니다.

디지털 커버는 붉은 노을을 마주한 카우보이 차림새의 신승은 뒷모습입니다. 어딘가 해탈하여 깨달음을 얻은 듯 부처가 좌선하는 자세로 공중 부양하고 있습니다. 과연 그가 일련의 사건들로 힘든 시기를 지나는 극복기에 만든 앨범답습니다.

당시 제가 직군을 바꿔 처음 취업한 회사에서 고군분투하던 때라 최소한의 공수만 들일 수 있도록 승은이가 많은 배려를 해주었습니다. 영화 촬영지에서 직접 찍은 사진을 활용해서 커버 이미지를 제작했고, 해상도가 매우 낮은 리소스였기 때문에 고의적으로 노이즈를 주고 붉은 역광으로 이미지를 뭉갰습니다.
뒷모습을 차용한 데에는 비하인드 스토리가 있는데요. 정규 1집 '넌 별로 날 안 좋아해'와 싱글 '빙수 좋아하니..' 에서 연속으로 본인 뒷모습을 커버에 사용하며 의도적으로 뒷모습을 보여준다는 해석이 도처에 등장했기 때문입니다. (개인적으로 무척 좋아하는 해석입니다)

사실 인간관계 EP의 실질적인 주인공은 가사집이라고 볼 수 있습니다. 아티스트 본인이 직접 쓴 가사와 그림을 100% 활용하여 가사집을 구성했습니다. 디자이너로서 제가 한 일은 좀 더 가독성이 좋게 얼라인(Align)을 맞추고 이미지 사이즈나 각도를 조정해 예쁘게 배치하는 정도였습니다. 가사집을 구매하신 분들이 아티스트가 가내수공업으로 만들어 낸 날것의 결과물을 공유받은 느낌이 났으면 좋겠다고 생각했습니다. 앞서 언급했던 대로 앨범 제작 시기에 승은이가 개인적으로 힘든 일을 겪으며 본인 내면을 열심히 들여다봐야 했는데요. 스스로를 멸시하고 밀어내고 때로는 두둔하고 위로하기도 하면서 부단히 내면에 집중했을 겁니다. 그리고 그때 나타나는 형상에 집중해 끄적인 그림과 가사가 바로 이 앨범이라고 보시면 되지 않을까요..?

Masanao Hirayama 작가의 일러스트를 참 좋아합니다. 막 그린 낙서 같지만 그 안에 독창적인 질서가 있고 단순한 검은 선 드로잉이 주는 강렬함이 있습니다. 신승은의 끄적임이 꼭 그와 같은 힘이 있다고 생각합니다. 아, 물론 음원도 얼마나 좋다고요! 특히 '하하하하' 뮤비는 꼭 보시길 추천해 드립니다!

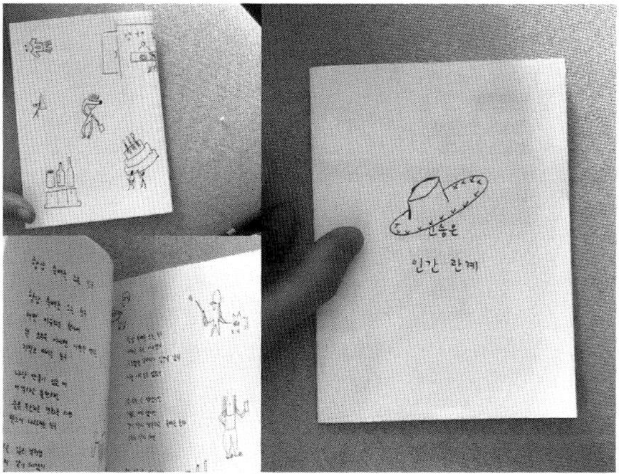

디자이너 _이담영 (전 이지수)

픽셀 단위의 차이에 매달리던 디자이너로 살다가 현재는 세미콜론(;) 하나에 웃고 우는 개발자가 되었습니다. 결국 집착하는 인간이란 점은 똑같아요.

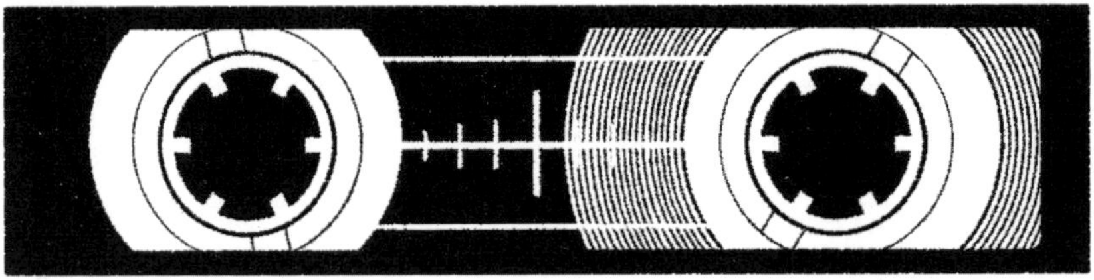

SHIN SEUNG EUN 2012

KOREAN MUSICIAN GRAPHIC 99

BY PPIYACKPPIYACK BOOKS

초판 1쇄 인쇄 / 2023년 10월 19일
초판 1쇄 발행 / 2023년 11월 1일

지은이 신승은/남수
펴낸이 전정미/김영석
펴낸곳 삐약삐약출판사
주소 전북 군산시 해망로 146-24
군산 콘텐츠펙토리 206호
이메일 ppiyack2@naver.com

디자인 김영석
사진 신승은/이담영
인터뷰 김윤하/남수
인쇄 태산인디고
-
ISBN 979-11-91615-24-1
ISBN 979-11-91615-23-4(세트)

삐약삐약출판사
인스타 @ppiyackppiyackbooks
트위터 @peepeepbooks

음악의 사생활 99

KOREAN MUSICIAN GRAPHIC 99